好爸妈正面管教56问

潘秀群 主编

SPM
南方出版传媒
广东经济出版社
·广州·

图书在版编目（CIP）数据

好爸妈正面管教56问／潘秀群主编．—广州：广东经济出版社，2020.5
ISBN 978－7－5454－7077－2

Ⅰ．①好…　Ⅱ．①潘…　Ⅲ．①家庭教育－问题解答　Ⅳ．①G78－44

中国版本图书馆CIP数据核字（2019）第273848号

责任编辑：黄　昱　梁　宜　梁雪莹
责任技编：陆俊帆

好爸妈正面管教56问
HAO BAMA ZHENGMIAN GUANJIAO 56 WEN

出版人	李　鹏
出　版 发　行	广东经济出版社（广州市环市东路水荫路11号11～12楼）
经　销	全国新华书店
印　刷	广东新华印刷有限公司南海分公司 （广东省佛山市南海区盐步河东中心路23号）
开　本	730毫米×1020毫米　1/16
印　张	18.5
字　数	250千字
版　次	2020年5月第1版
印　次	2020年5月第1次
书　号	ISBN 978－7－5454－7077－2
定　价	39.80元

图书营销中心地址：广州市环市东路水荫路11号11楼
电话：（020）87393830　邮政编码：510075
如发现印装质量问题，影响阅读，请与本社联系
广东经济出版社常年法律顾问：胡志海律师

编委会

顾　问

韩东才　张润林　祁丽珠　李志成

主　编

潘秀群

副主编

钟应珊　蔡　樱

编　委

徐晓鸣　杨云开　邓丽君　邹彬彬　张文君　钟葵喜
王可爱　黄伟平　幸楚婷　刘映爱　李占英　谢慧仪
杨育联　李冬萍　王宇燕　李肖娥　王巧媚　李海珠
张嘉丽　姚丽华　黄美玲　黄　胜　叶惠英

序

孩子的健康成长不仅仅决定了一个家庭乃至一个家族的幸福，更是关乎一个国家和民族未来发展的希望。因此，如何有效地关注、关心和关爱孩子的成长，自然成为家庭和社会的焦点话题。

随着社会的发展和进步，越来越多的父母意识到家校共育的重要意义，也深深地意识到自己身上的育儿重任。然而，在教育孩子的问题上，很多父母却是心有余而力不足，找不出孩子问题的症结所在。面对孩子突如其来的问题，多数家长在束手无策之余更是不由地抱怨与呐喊："我都尽力了，为什么结果还是这样呢？现在的孩子太难教了……"对于家长们的委屈、抱怨，我们理解，毕竟望子成龙、望女成凤是每一位家长的夙愿，何况也没有哪一个家长希望自己的子女成为行为不端的"问题孩子"。可关键问题是为何家长们如此费心管教孩子，而家庭教育还出现这么多的问题呢？

教育成果可能无法复制，但成功的、优秀的教育方式方法是可以借鉴的。教育好一个孩子不仅需要家长对孩子的了解和理解，还需要科学的教育方法和路径，更需要教育的智慧。本书的作者都是来自教育一线的、有多年工作经验的班主任，他们通过对教育个案的剖析和研究，并在实践中不断总结与验证，形成了书中这些具有针对性的解决问题的经验与方法，这其中既有沟通方面的方法和技巧，也有科学教育的方式和路径，更不乏闪耀着光芒的“教育智慧”。这些似乎没有太多高深的理论，但有通俗易懂、贴合实际、针对性很强的案例导向和引领思路。本书阐述的都是当下家长们在育儿过程中遇到的具有共性的问题，他们的分析和对应性的解决策略，对有教育困惑的家长们有很强的启发和借鉴作用。

我想，任何一个父母都希望给孩子更多更专业的关爱，可是，谁天生就会做父母呢，唯有不断学习取经，掌握科学的教育方法，提升自己的教育能力和综合素质，才能更好地履行父母这一天职，才能在教育孩子的过程中不走错路或者少走弯路。这本书囊括了身体健康、心理护航、习惯养成、人际交往、学习提升五大类内容，如果你在这些方面也有类似的困惑，如果你也曾经在教育孩子的路上碰过壁，不妨看看这本书，相信它会令你有所思考，有所启发。

我一般不喜为人写序作评论，退休之后尤为如此。我之所以答应为本书作序，主要是作者们的教育情怀深深地打动了我：她们对教育的信仰，对孩子们的真爱与无私的奉献，令我敬佩！现在将这些案例结集成书，旨在能让更多的家长受惠，更多地关注孩子们的精神世界，旨在让家校之间更好地实现互信互补，合力合拍，共识共行，协同育人。

是为序。

广东省人民政府督学

广东省中小学德育研究会会长

广东第二师范学院原党委副书记、教授

前　言

我们是一线班主任，是直接接触和管理教育孩子最多的老师，家长对我们特别信赖，经常主动与我们交流家庭教育中的各种问题。我们发现家长们在家庭教育上存在相当多的困惑，当他们不知道怎么办，急切地向我们求助时，我们都会尽心尽力地给家长解惑释疑，尽量让家长们获得一些科学有效的家庭教育方法。在这个过程中，我们发现有相当多的家庭都存在家庭教育问题，但家长往往都不注意，等问题开始恶化，才觉察并重视。

学校教育固然重要，但家庭教育更为重要。作为班主任，我们需要研究家庭教育，只有通过家校共育，才能真正有效地提高我们班级管理和教育的效果。如何在繁忙的班主任工作中更高效地帮助家长解决家庭教育中遇到的问题，让家庭教育与学校教育形成良性的循环呢?

经过一番脑力激荡后，我们决定研发简短而又有针对性的家庭教育微课来助力家庭教育。于是，我们立刻申报课题并成功通过了立项。在立项前后，我们一直在学习提升的路上：积极参加家庭教育指导师的培训课程和各类家庭教育培训，聘请家庭教育专家做我们团队的顾问，研读中外家庭教育经典书籍，在自身家庭教育中反复实践揣摩，在家长的反馈下认真推敲，努力撰写有针对性有指导性的文本……

之后，我们汇总梳理了56个普遍性问题，并将它们系统地分成五类：（一）身体健康、（二）心理护航、（三）习惯养成、（四）人际交往、（五）学习提升，每一类有10～13个问题不等。从开始准备到现在，我们的团队经历了无数的日日夜夜，精益求精，用心研发。

在跟踪调查中，我们发现有相当多的家长通过学习我们的家庭教育微课得到了启发，家庭教育变得更好、更和谐了；还有很多班主任老师也从我们推广的微课中找到了解决班级学生问题的突破口。这些反馈令我们备受鼓舞！

有些家长向我们建议：把录制文本的资料编辑成书，把这样的书放在身边，遇到问题，随手翻阅，有利于将理论方法与实际问题联系起来。同时，我们也相信我们的班主任同行也有帮助班级家长的需要，于是决定将这56份文稿编辑成书，希望能更好地为家长和班主任排忧解难。

我们反复推敲，不断地对内容进行修改和完善。我们字斟句酌，把每个“问题”转化为音频的形式，只为给繁忙的家长减轻学习的负担，以便家长利用碎片时间随时随地扫码收听。虽然内容编写和制作音频的工作量非常大，但我们都非常用心，这本书所有呈现都是整个团队精诚合作的成果。希望我们这本书，对家长和班主任有所启发，有所帮助。

编写组

目　录

一　孩子的身体健康取决于父母的养育

二　孩子的心理健康有赖于父母的滋养

五 如何提升孩子的学习能力

一　孩子的身体健康取决于父母的养育

俗话说，身体是革命的本钱。让孩子拥有健康的体魄，是父母首要的责任。

1. 孩子近视了，怎么办?

家长困惑

“老师，我家孩子才二年级，就近视了，怎么办？”

“我女儿从小学三年级开始近视，200度，每年以50到100度的度数增加，现在都500多度了，真是急死人了。”

“从孩子近视开始，我就带着孩子跑大大小小的近视治疗机构，他们都说孩子的近视能治愈。时间一点一点过去，近视不但没治好，度数还不断增加，这是怎么回事？”

……

孩子近视了，怎么办？为此，我们访问了多个有近视孩子的家庭，做了详细分析。

查找原因

（1）家长对孩子的视力保健不够重视

在许多家长的观念里面，只要孩子没有近视问题，就没有必要去眼科医院检查视力。其实，从孩子出生到6岁，是视力发育的黄金时期。通常孩子在4岁时，视力达到正常标准。因此，专家建议孩子从4岁开始就要定期检查视力。一年一次或者半年一次，视具体情况而定。如果家长能定期带孩子检查视力，听医生的建议，了解视力保健知识，那么孩子的近视就有可能避免，或者说避免过早近视。但是很多家长并没有这么做，甚至有些家长得知孩子近视了，就去眼镜店配副眼镜了事，也没有带孩子去正规的眼科医院做全面检查，更没有了解、学习视力保健知识，导致孩子的近视程度逐渐加深。

（2）孩子长时间近距离用眼过度，家长监管不到位

当孩子长时间写作业、看书时，家长却不知道要提醒孩子中途休息一会儿，让眼睛放松一下再继续。孩子在学校上课也是40分钟一节课，40分钟到了，会有10分钟的课间休息时间，目的之一就是让孩子的眼睛得到休息、放松。所以孩子在家也应该保持这样的节奏。当近距离用眼超过40分钟的时候，家长应该建议孩子休息一下，活动活动四肢，看看远处，看看绿色植物，让眼睛得到放松。但是很多家长并没有意识到这一点，尤其是在孩子写作业方面。

随着手机、电脑等电子产品的日益增多，家长监管不力，导致孩子看电子产品的时间过长，甚至沉迷其中不能自拔。手机、电脑等电子产品的屏幕会发出大量蓝光，而蓝光，则有可能造成眼底损伤。长时间看电视、玩电脑和手机，是否是导致视力下降的直接原因，专家对此说法不一，但可以肯定的是，长时间近距离用眼导致眼睛负荷加重，就容易出现近视。所以，无论是用手机、电脑，看电视等，还是写作业、看书，只要是长时间近距离用眼，眼睛得不到休息，就有可能患近视。

解决策略

（1）及早防治，严格遵守医嘱

从孩子4岁起，父母应该定期带孩子去眼科医院检查视力，多与眼科医生沟通，详细了解眼科保健知识，做到防患于未然。如果发现孩子有近视的迹象，一定要及时带孩子去正规的眼科医院检查，做到早发现早矫正早治疗。如果需要佩戴眼镜，就要经常佩戴，而不是学习时才戴，不学习就不戴。

接触电子产品，是世界发展变化的大趋势。虽然无法避免，但父母可以帮助孩子改变用眼节奏。看书、画画、看手机、玩电脑，不是说不行，但孩子的眼睛不能长时间地处于这种静态的细腻的运动，要让眼睛有舒缓的间隙。每隔20分钟，父母就应该提醒孩子放下书本、手机、电脑等，四处走动一下，看看绿色植物，看看远处的景物，或者听听音乐，最好能走到户外，让眼睛得到放松。我们需要明白，真正的近视是不能根治的，只能延缓。如果稍不注意，近视的度数就会随着年龄的增加而加深。因此，我们一定要向专业的医生多了解眼保健知识，避免孩子长时间近距离用眼，并且提醒孩子，如果不能避免长时间近距离用眼，比如写作业等，那么中途必须停下来休息一下再继续。

（2）注意监管孩子科学用眼

无论孩子是玩电脑、手机游戏，还是看书、写作业，都应该注意用眼卫生，避免长时间近距离用眼。同时关注光线是否合适，过于昏暗或者光亮，都会对孩子的视力有影响。孩子写字看书的姿势，家长也需要留意，避免趴在书桌上写作业，更不能躺在床上看书等。

此外，家长应做好榜样，尽量避免在孩子面前玩手机或者长时间看电视、玩电脑游戏。外出吃饭的时候尽量不要看手机，多与孩子沟通交谈。我们可以讨论当下孩子关注的话题，如谈谈学校里的老师、同学，发生在同学中有趣的事情，等等。

（3）合理规划时间，多带孩子到户外活动

建议家长合理规划时间，和孩子一起做一些有益身心的事情，避免孩子长时间看电脑、玩手机，减少孩子长时间近距离用眼的机会。比如在家里，家长可以鼓励孩子和自己一起干家务活；也可以和孩子一起做一些其他的娱乐活动，如和孩子一起下棋、做手工、聊天等。家长还可以培养孩子的一些爱好，比如学一种简单的乐器，或者养些花花草草，等等，以此转移孩子的注意力。

家长还可以带着孩子多参加一些户外活动，比如带孩子外出郊游、野餐、放风筝，等等。又或者带着孩子在户外运动，比如骑行、徒步、跑步、爬山，等等，也可以和孩子一起打篮球、乒乓球、羽毛球等，多做些有益于

保护视力的运动。2015年在《自然》杂志发表的一篇文章表明，孩子在户外干什么不重要，无论是运动还是野餐，只要在户外的时间足够多，近视发病率就低。

案例追踪

晓霞在四年级的时候就开始近视，妈妈很用心地去维护晓霞的视力，尽量延缓晓霞近视度数加深。比如：定期去眼科医院检查视力；缩减晓霞玩手机、看电视的时间；晓霞看书到了一定的时间，妈妈就提醒晓霞休息一下；鼓励晓霞多参加户外活动；等等。但是晓霞嫌麻烦，不太配合，尤其是长时间玩手机、看电视、看书等，妈妈怎么说也不听，很是烦恼，于是妈妈就向我们请教。妈妈按照我们建议这样做：

和孩子沟通，让孩子知道近视的危害

妈妈在晓霞写完作业时，对晓霞说："晓霞，妈妈很担心你的近视会越来越深，你看，你在四年级的时候度数是300，现在六年级了，度数升到500，也就是说每年以100度的幅度增长，那你算算，在你考大学前，你的度数将会增加到多少？妈妈一来担心你的视力影响你的生活，二来担心你的视力问题会导致你选择不了自己喜欢的专业。"晓霞想了想，说："会吗？"妈妈回答："我说了不算，我们上网查询一下吧，找一些权威的网站，应该可以帮到我们。"于是妈妈和晓霞一起上网查找资料，了解近视的起因、危害等；如何预防近视，如何延缓近视的度数加深，等等。让晓霞从思想上重视起来，自觉保护好自己的视力。

事后监督，提醒孩子用眼卫生

一开始晓霞还能自觉做到用眼卫生，看手机、电视或阅读时到了一定时间就会停下来休息一会儿，但是过不久就又忘记了。此时妈妈便提醒晓霞要让眼睛休息一下，起来看看外面的绿色植物，到户外活动等。晓霞起初有点抵触，后来去眼科医院复查视力的时候，晓霞妈妈不再一个人咨询医生，而是和晓霞一起，也让晓霞听听医生的分析与建议。晓霞更加坚定了保护视力的决心。现在晓霞自己能够控制好用眼节奏，成功延缓了近视度数的加深。

孩子近视了，怎么办？

扫码获取音频，阅读更轻松

2. 孩子不喜欢吃早餐，怎么办?

家长困惑

“老师，我们家每天的早餐都非常丰盛，但是读一年级的儿子经常说没胃口、不爱吃，真担心他因为这样而影响身体健康。”

“女儿读四年级，爱赖床，早餐对她来说可有可无，她的身体素质也越来越差了。这习惯都快两年了，老师，您说到底应该怎么办呢？”

“最近工作忙得我想早上多睡会儿，孩子也就没在家吃早餐了。我每天都给孩子准备早餐钱，但孩子总说，外面的早餐也就一个样，吃不吃都差不多。科任老师经常说孩子上课时注意力不集中。老师，您知道这到底是怎么了吗？”

……

孩子不喜欢吃早餐，怎么办？为此，我们综合多个案例，做了详细分析。

查找原因

（1）孩子没时间吃早餐

星期一到星期五，有些父母认为自己的孩子晚上睡得比较迟，就会在闹铃响后让孩子多睡一会儿。孩子起床晚了，吃早餐的时间也就少了。为了不迟到，有些在用餐时细嚼慢咽的孩子就会选择不吃早餐，家长也只能妥协了。

（2）孩子零食吃得多

现在生活条件好了，一般家里都备着零食，孩子只要觉得饿了就有东西吃。星期一到星期五每天都能按时吃早餐，但到了周末，会因为起床晚而不吃早餐。这时候，孩子肚子饿了会怎么办呢？他们大多会选择吃零食。因为随时能找到东西吃，他们也就对早餐不重视了，导致三餐没有规律。到了晚上，一些孩子也会以肚子饿为由来要求父母在睡前给自己“加餐”。这样一来，睡前过饱导致晨起时胃里的食物还没完全消化，孩子也就没胃口吃早餐了。

（3）早餐钱利用不当

有些父母因为工作忙，早上没有时间给孩子做早餐，就会给孩子钱让他们自己买早餐。但是有一些孩子不懂吃早餐对人体能量补充的重要性，省下钱去买自己喜欢的东西，直接省去“早餐”这一重要的环节。

解决策略

（1）调节好孩子的作息时间

培养孩子固定的作息时间是每个家长都应该做的事情。孩子有固定的作息时间，他的睡眠质量才能得到保证，早上的食欲也会提高，孩子的精神也会更好。建议家长可以在晚上6点左右安排清淡的晚餐，6点30分吃完后，孩子可以写写作业，读一读书，到了9点左右，就让孩子回房间睡觉。第二天早晨，预留20分钟的时间给孩子吃早餐，而且起床和吃早餐之间的时间间隔应该在20分钟左右，这样孩子容易产生饥饿感，从而对早餐充满期待。

（2）控制孩子零食的摄入量

孩子一日的零食摄入量应当被严格控制，以保证孩子在早、午、晚三餐中摄入足够的营养。家长可以与孩子约定每天吃零食的数量与时段，且尽量减少夜晚吃零食的频率。当嘴馋的孩子在晚饭后请求吃零食时，家长可以为孩子提供适量的水果，也可以通过谈话、亲子阅读、亲子游戏等方式转移孩子对零食的注意力。

（3）父母重视早餐

父母一定要重视早餐对孩子成长发育的影响，不能随意应付，父母应把早餐变成“有正能量的一餐”，让孩子享受到吃早餐的乐趣。例如：父母在准备早餐时应注重营养，并考虑孩子的口味；晚上与孩子一起准备第二天的早餐食材；与孩子在摆盘、食材的选择上多花心思；与孩子相约早餐“打卡”，拍照记录每日早餐，让孩子有一起做早餐的兴趣与成就感。在这个过程中，孩子会意识到父母对早餐是相当重视的，从而深受影响，坚持每天吃早餐。

案例追踪

小俊是三年级学生，平常很少吃早餐。他经常在上了两节课后，向老师反映肚子痛。感到非常疑惑的小俊妈妈和我们交流后，才了解小俊的问题根源所在，她接受我们的建议并进行了实践：

与孩子一起商量第二天的早餐

一天晚上，小俊在9点前完成了所有作业。

妈妈对小俊说：“小俊，明天想吃什么早餐呢？”

小俊思索了一会儿，说：“妈妈，我想吃三明治。”

妈妈把小俊带到厨房看了一下现有的材料，说：“小俊，你看，这里有番茄、生菜、鸡蛋、面包，不如明天我们一起做三明治吧！”

小俊听后不禁激动起来，开心地说：“好啊！好啊！”

妈妈带小俊回到房间收拾好物品后，再次提醒小俊：“我们约定好明天一起做早餐吃哦，妈妈相信小俊做的早餐一定很好吃。”

多与孩子商量第二天的早餐，父母会更清楚孩子的口味以及对早餐类型的需求。孩子在与父母商量的过程中，会感觉自己被尊重、被需要，对早餐的接受度也会更高。

培养孩子吃早餐的习惯

第二天早上，小俊听到闹铃的声音立刻起床洗漱，因为他知道自己将要大展厨艺了！10分钟过去了，小俊与妈妈一起完成了三明治。小俊坐在饭桌前看着自己做的三明治，脸上露出了满意的笑容。

妈妈对小俊说："小俊，你可真厉害！把材料都放得非常稳当，我帮你和三明治拍张照，做个记录吧！"说着小俊妈妈拿起手机拍下了开心的小俊和他的三明治。

小俊迫不及待地尝了一下三明治，激动地说："明天我还要和妈妈一起做早餐！"

小俊妈妈发现从小俊起床到出门上学的时间比往常缩短了10分钟，而且坚持了一段时间后，小俊肚子痛的频率也降低了。

一日之计在于晨，孩子早餐的营养也不能被落下。给孩子钱去买早餐吃并不是训练孩子吃早餐的好方法。对于抗拒吃早餐的孩子来说，更需要的是体验吃早餐的乐趣以及理解吃早餐的重要性。

孩子不喜欢吃早餐，怎么办？

扫码获取音频，阅读更轻松

3．孩子喜欢吃垃圾食品，怎么办？

家长困惑

“老师，我家孩子每次出去都吵着要吃薯条喝可乐，怎么劝都不管用，怎么办？”

“老师，我家儿子一放学就拿着零用钱到学校附近的小摊贩那里买炸香肠等，教育过他那些东西是很不健康的，但他还是很喜欢去买，真拿他没办法！”

“我家孩子最喜欢吃辣条了，下午一放学趁我们还没去接他就去买，吃多了晚上吃不下饭。老师，该怎么办呢？”

……

孩子喜欢吃垃圾食品，怎么办？为此，我们综合多个案例，做了详细分析。

查找原因

（1）对垃圾食品及其危害认识不够

孩子日常喜欢吃的炸薯条、炸香肠和辣条等都是典型的垃圾食品。垃圾食品高糖高脂，还添加了许多香精，吃多了会影响身体健康。很多家长自身的食品安全意识都不够强，更别说阻止孩子吃垃圾食品了。孩子呢？虽然在学校偶尔会接触这方面的知识，但面对色美味香的垃圾食品，自控能力弱的孩子就难以抵挡“诱惑”。吃了垃圾食品，对身体的危害一般不会立刻显现，孩子就自认为没有什么危害，因而更不会抑制吃垃圾食品的欲望了。

（2）父母把垃圾食品当作物质奖励

日常生活中，父母把垃圾食品当作物质奖励的现象不在少数。比如孩子学习成绩有进步，有的父母会说："奖励你吃汉堡、炸鸡腿吧！"不少父母还与孩子一起享用垃圾食品的"美味"。这种做法不仅导致垃圾食品成为孩子以后表现好的动力，还会对培养孩子健康的饮食习惯造成很大的负面影响。

（3）父母言行不当，影响孩子

面对喜欢吃垃圾食品的孩子，有些父母会说："儿子就爱吃辣条，怎么说都没用！"还有的父母会说："孩子都是喜欢吃这些的，很正常啊。""孩子吃一点点，不会有事的。"……这种无奈或无所谓的言语及态度会给孩子发出信号——吃一点点，也没什么的。这在无形中助长了孩子对垃圾食品的"喜欢"。还有的父母明知喝碳酸饮料对健康有害，禁止孩子喝，但"严于律人，宽以待己"，自己丝毫不节制，还常常在孩子面前喝。这样言行不一，不但无法让孩子信服，也容易让孩子产生逆反心理：凭什么爸妈经常喝，我就不能喝？我偏要喝！

解决策略

（1）引导孩子认识垃圾食品及其对身体的危害

垃圾食品是指仅仅提供一些热量，别无其他营养素的食物，或是提供超过人体需要，变成人体多余成分的食品。它们的共同特点是营养素极少，能量比较高，或含有大量食品添加剂，甚至含有致癌物质，所以被称为垃圾食品。中小学生最常接触到的就是学校门口的一些无牌无证、卫生条件差的小摊店卖的食物，如油炸类食品、用化学香料调制而成的汽水、辣条……这些垃圾食品热量高，含有较多的油脂和氧化物质，经常吃容易让人发胖，还有可能导致高血脂和冠心病等疾病。此外，由于添加了防腐剂、香精、增色剂和保色剂等，这些垃圾食品加重了肾脏的负担，严重影响身体健康。

父母可以把垃圾食品的成分、制作过程及对身体的危害等详细地讲解给孩子听，还可以通过观看网络视频等方式让孩子了解自己日常接触到的哪些食品是垃圾食品及其危害。父母一旦发现孩子吃垃圾食品就要严厉制止，使孩子养成自觉抵制垃圾食品的良好习惯。

（2）了解孩子，奖励多样化

父母不能把享用垃圾食品作为奖励的措施，父母要清楚孩子的喜好，奖励不仅要多样化，还要对孩子有益。比如：孩子喜欢画画，在画画方面取得进步时，可以奖励他心仪的画笔；孩子喜欢音乐，当他表现有进步时，可以奖励他主办一场“家庭音乐会”；还可以采用奖章累计的方式奖励孩子，每当孩子有进步就能得到一个奖章，累计到一定数量就能获得奖励。这种奖励方式，既能让孩子开心，又能激励孩子继续往好的方向发展。

（3）给孩子树立榜样

面对喜欢吃垃圾食品的孩子，父母可以经常说：“我家孩子是很少吃垃圾食品的”或“我家孩子对垃圾食品的兴趣不大”，这样的积极暗示会帮助孩子抑制吃垃圾食品的欲望。此外，父母要以身作则，少吃或者不吃垃圾食品。当孩子想吃垃圾食品时，父母可以这样说：“我知道你很想吃这些，我也很想吃，但这些吃了可能会肚子痛，影响我们的健康。为了我们的身体健康，还是不要吃了。”经常这样引导孩子，孩子就会以父母为榜样，潜移默化，慢慢地，孩子就不会经常想着吃垃圾食品了。

（4）多为孩子制作可口的健康营养食品

日常生活中，父母要设法让孩子多吃水果、蔬菜、坚果、奶制品之类富含维生素和矿物质的食物。一旦孩子有饱腹的感觉，就不会再萌生吃其他食物的欲望。比如可以和孩子一起做一盘水果蔬菜沙拉：将蔬菜、水果切出各种形状，在漂亮的容器里摆出一些造型，再淋上沙拉酱，味道酸酸甜甜，吃起来很爽口，对孩子来说，这些不比垃圾食品更有吸引力吗？

案例追踪

锋锋是个胖胖的小男生，每天放学就会去买炸薯条、辣条和可乐，边吃边等妈妈来接。妈妈很疼他，看到他吃，就只是轻轻说一下他，很少坚决制止。每次锋锋表现好，妈妈就会买他喜欢吃的炸薯条或可乐作为奖励。后来锋锋越来越胖，妈妈才意识到这个问题的严重性，于是向我们咨询。我们具体分析了锋锋喜欢吃垃圾食品的原因，并建议使用以下方法：

加强认识，坚决制止，及时表扬

锋锋妈妈找了一些关于垃圾食品危害的视频跟锋锋一起看，帮助他了解日常所接触到的炸薯条、辣条等垃圾食品的成分、制作过程及对身体的危害。

还有，妈妈每天尽量准时去接锋锋，以防他买垃圾食品。平时一发现锋锋忍不住偷吃就马上坚定而温和地制止。

锋锋看到炸薯条，很想吃，忍不住向妈妈请求："妈妈，我已经很久没有吃炸薯条了，今天就破例一次，好吗？"

妈妈温和地对锋锋说："锋锋，我知道你想吃，但你也知道它对我们身体的危害，我们绝不能吃啊。"

锋锋想了想，说："嗯，我们回家吧。"

妈妈及时表扬："你现在学会控制不吃这些垃圾食品了，真了不起！"

锋锋听到妈妈的表扬，开心地笑了。

以身作则，适时奖励

平日里，妈妈经常跟锋锋一起做水果沙拉吃。一个月过去了，锋锋已经很少吃油炸的食品了，体重还下降了。锋锋妈妈为了奖励孩子的进步，就让锋锋选了地点，一家人去郊游。

我们提醒锋锋妈妈，对锋锋的引导现在已经初见成效，一定要继续坚持使用这些方法帮助孩子，孩子才能养成自觉抵制垃圾食品的良好习惯。

孩子喜欢吃垃圾食品，怎么办？

扫码获取音频，阅读更轻松

4. 孩子总是不主动喝水，怎么办？

家长困惑

“老师，我每天都为儿子准备一壶水带去上学，但放学后，我发现水壶里的水根本没有少，孩子总是不主动喝水，我该怎么办？”

“孩子快10岁了，喜欢喝饮料，从来不主动喝白开水，导致过度肥胖，而且经常生病，老师能教教我该怎么办吗？”

“老师，我家孩子需要提醒才喝水，如果不提醒他就不喝，连口渴了都不知道要喝水，怎么办？”

……

孩子总是不主动喝水，怎么办？为此，我们综合多个案例，做了详细分析。

查找原因

（1）白开水无色无味，孩子基本拒绝入口

孩子通常不会理性地选择对自己健康有益的饮品，只会根据自己的口味来选择。市面上颜色鲜艳、迎合儿童口味的各式饮料，特别是碳酸饮料，既好看又好喝，孩子当然喜欢喝。相反，白开水与饮料相比，寡淡无味，根本激不起孩子对它的渴望。

（2）孩子没有科学喝水的意识

孩子年龄小，不知道喝水的好处，也不知道每天该喝多少及如何喝才能真正补充身体所需的水分，作为家长，首先要增强孩子科学喝水的意识。

（3）孩子缺乏正确的引导

部分家长自身没有科学喝水的意识，也不懂得如何引导孩子科学地补充水分，导致孩子没有养成经常喝水的好习惯。还有些家长知道喝白开水有很多好处，但不懂科学喝水的方法，很多时候只是一味地强制孩子喝水，认为喝得越多越好。却不知道，这样做其实很容易引起孩子的反感，导致孩子产生逆反心理，不主动喝水。孩子在家长的强制下会养成依赖的习惯，提醒就喝，否则不喝。

解决策略

（1）给水增加点“味道”

首先，父母也不必太过焦虑，正如人饿了自然会找饭吃，渴了自然也会找水喝，这是人的本能欲望。在家里常备健康的饮用水，坚决不购买各种含添加剂的饮品，当孩子真的口渴难耐时，自然就会主动饮用健康的饮用水。

其次，给健康的饮用水增加点“味道”。水无色无味，孩子不喜欢它。此时，我们可以在水中添加一点“颜色或味道”，即根据孩子的喜好在水中添加他们喜欢吃的新鲜水果片，比如山楂片、柠檬片或者橘橙片等。需要注意的是，尽管有的孩子喜欢甜味，但不建议家长在水中加入糖或者人工色素等非天然物质。

（2）传授喝水的知识，提升孩子科学喝水意识

身为父母，我们要掌握全面的科学喝水知识。科学喝水，是指根据孩子的体重合理安排孩子一天的喝水量。科学喝水应做到以下几点：①定时定量喝水；②养成良好的饮水习惯；③水温要适宜；④不喝生水、陈水。

父母也可以找机会跟孩子一起了解人体不及时补充水分的危害，而这些相关的素材都可以在网络上轻松找到。要把握好教育的时机，比如当孩子喝过多的饮料引起肠胃不适时，父母就可以借机强化孩子科学喝水的意识。接着，父母还可以和孩子一起规划每天要喝什么水，并定好喝水的时间点。

（3）督促孩子养成科学喝水的习惯

言传不如身教，父母是孩子最好的老师，所以父母应该为孩子树立主动喝水的榜样。孩子的模仿能力强，父母首先要以身作则，家里不放任何饮料，也不在孩子面前喝饮料，更加不主动带孩子喝饮料。

每天早上起床后，父母和孩子一起喝一杯温开水，补充水分。但要注意的是，平时喝水要在两餐之间，进餐前、进餐时和进餐后都不要大量喝水。这样才能让孩子养成科学喝水的良好习惯。

案例追踪

小光10岁，是一位四年级的小男生。他喜欢喝饮料，从不主动喝水。看着孩子越来越胖，身体也经常出现问题，父母感到很苦恼，特来寻求帮助。他们按照我们给出的建议这样做：

坚守原则，让孩子喜欢喝水

一天，小光打完球回到家，大声喊：“妈妈，我回来啦！我好渴，我要喝可乐！”妈妈笑了笑，拿起毛巾一边给小光擦汗，一边温和地说：“儿子，喝可乐不解渴，喝白开水更解渴更健康哦！你还记得跟妈妈的约定吗？”小光挠挠脑袋，点了点头，说：“知道，但是我很想喝可乐。”说完，小光直接走到冰箱边找可乐。这时，妈妈倒了两杯白开水，走到小光跟前，用和善的目光看着小光，说：“来，我们一起来喝白开水！喝白开水更健康！”说完，妈妈就开心地喝起白开水来。小光觉得不好意思，又实在太渴了，只好大口大口地喝了两杯白开水。

以身作则，让孩子喜欢喝水

妈妈在饭桌上和爸爸、姐姐一起讨论关于小光喜欢喝饮料而不主动喝白开水的问题，并一致通过不再买饮料、大家都不喝碳酸饮料的决定。

接下来的日子，爸爸经常告诉孩子科学喝水的方法，并以身作则，带着小光一起喝白开水。

妈妈偶尔会给白开水增加“味道”，比如添加新鲜的柠檬片、蜜糖等，让小光慢慢喜欢上白开水。

按照以上的方法坚持了半年时间，小光虽然有时也会提出要喝饮料，但是喝饮料的次数相比之前已经大幅减少，并且他开始主动喝白开水了，同时小光也变得更加健康了。小光的妈妈也不再为孩子不主动喝水而苦恼了。

孩子总是不主动喝水，怎么办？

扫码获取音频，阅读更轻松

5．孩子睡前不主动刷牙，怎么办？

家长困惑

“老师，我家儿子已经上小学一年级了，还很喜欢吃糖，晚上又不愿意刷牙，牙齿都变黄了，怎么办？”

“老师，我每天晚上都要提醒甚至骂一顿孩子，他才愿意去刷牙，真不让人省心！”

“我家孩子晚上一提到刷牙，不是说累就是说困，不能保证每晚都刷牙，真怕他会有蛀牙啊。老师，该怎么办呢？”

……

孩子睡前不主动刷牙，怎么办？为此，我们综合多个案例，做了详细分析。

查找原因

（1）家长认知有误，影响孩子

有些家长没有养成睡前刷牙的习惯，给孩子做了坏榜样。他们并没有认识到睡前刷牙的重要性及睡前不刷牙的危害。相反，有些家长希望孩子拥有健康洁白的牙齿，对于睡前刷牙这件事过度紧张，发现孩子刷得不干净就严厉责备，让孩子紧张、害怕。所有这些行为和观念都会无形中给孩子灌输错误的认知，久而久之，孩子就不重视或畏惧睡前刷牙了。

（2）刷牙枯燥单调，孩子不感兴趣

我们都知道，刷牙很死板，做起来没有乐趣。而且孩子睡觉前很累，精神状态不佳，所以许多孩子一提起刷牙，就很不耐烦。对于天生就缺乏耐心又爱玩的孩子来说，刷牙简直就是苦差。这桩苦差还要每天都做，不做或做不好还得挨骂，孩子怎么会主动刷牙呢？而且孩子不会立刻感受到不刷牙的危害，也就觉得刷不刷都无所谓。

（3）家长立场动摇，孩子惰性使然

有些家长会经常提醒孩子刷牙，但只要孩子不愿意，一番软磨硬泡家长就心软了。久而久之，就不再每天坚持要求孩子睡前刷牙。这种不坚定的立场，导致孩子有时刷牙，有时不刷，缺乏长期坚持。另外，我们天生对不感兴趣的事情存在惰性，孩子也不例外，他们会觉得刷牙是耽误他们的时间。在家长没有强烈要求和坚持不懈的情况下，孩子就不会主动刷牙。

解决策略

（1）正确认识睡前刷牙，家长以身作则

睡前不刷牙，没有把食物残渣和细菌尽力清除，牙齿就会遭受腐蚀。久而久之，就可能引发口臭、蛀牙等。而坚持每天睡前刷牙，牙齿就会变得更洁白坚固，口气更清新。这些抽象的概念孩子很难理解，所以家长可以跟孩子一起阅读趣味性故事或看电视节目，比如：绘本《牙齿大街的新鲜事》《当心，蛀牙军团来啦！》，或者短片《精灵爱牙讲堂》、牙刷牙膏和牙细菌“打仗”的动画片。还可以跟孩子做实验：把生鸡蛋浸泡在碳酸饮料中，放置一个晚上。第二天可以观察到鸡蛋外壳上有一层黑脏物质，然后让孩子用蘸上牙膏的牙刷去刷，孩子就会发现这些黑脏物质很难刷掉。这时我们教育孩子，一旦牙齿遭到破坏，以后想恢复健康就很难了。通过实验，孩子就能直观理解刷牙的重要性及不刷牙的危害了。加上家长坚持每晚睡前刷牙，以身作则，用正确的观念

和行动引领孩子。言传身教，时间一久，孩子就会越来越自觉地去刷牙了。

（2）让刷牙变得有趣味

首先，家长可以与孩子一同挑选他们喜欢的色彩鲜亮、造型可爱有趣的牙刷，还有孩子喜欢的味道的牙膏，增加孩子刷牙的趣味性。另外，与孩子一起编刷牙方法的小儿歌，比如“小牙刷，手中拿，张开我的小嘴巴。上面牙齿往下刷，下面牙齿往上刷。左刷刷，右刷刷，里里外外都刷刷。刷得干净没蛀牙，露出牙齿白花花”。边听边刷，刷牙就这样轻松愉快地完成了。还可以开展刷牙大赛，比比家里谁刷牙最积极、最认真、最干净。要注意的是，刷牙时间不能少于3分钟，如果孩子觉得时间太长，家长不能急于求成，要慢慢引导，让孩子慢慢爱上刷牙。

（3）坚定立场，坚持不懈

很多时候，不坚定的立场是孩子养成良好习惯的“绊脚石”。当孩子不想刷牙时，我们可以温和而坚定地对孩子说：“我知道你不想刷牙，但嘴巴里的有害细菌会危害牙齿健康。”让孩子知道我们了解他的感受，但最后还是要刷牙。

一项看似简单的行动，坚持21天以上，就会形成习惯；坚持90天以上，就会形成稳定习惯。那如何坚持呢？例如我们可以通过“刷牙日记”来提醒激励孩子。首先做一个7天刷牙日记表，家长千万不要图省事做个90天的表格，孩子看到格子这么多，就会产生恐惧、抗拒的心理，自然就会打退堂鼓了。如果孩子主动刷牙，就贴一个“笑牙图”，反之，贴个“牙疼图”。这个表格不单单面向孩子，家长也要遵守执行。如果孩子刷得很认真很干净，千万别忘了表扬他：“哇！你的牙齿刷得好干净哦！看，你的牙齿多白！”这样全家动员，循序渐进，正面强化，孩子很快就能养成睡前主动刷牙的好习惯了。

家长们要注意，有时候孩子刷得不太干净时不要过分苛责，应该温和地提醒孩子，耐心地教导他们正确的刷牙方法，并不厌其烦地带着孩子一遍又一遍地学习。持之以恒，孩子才会养成睡前主动刷牙的好习惯。

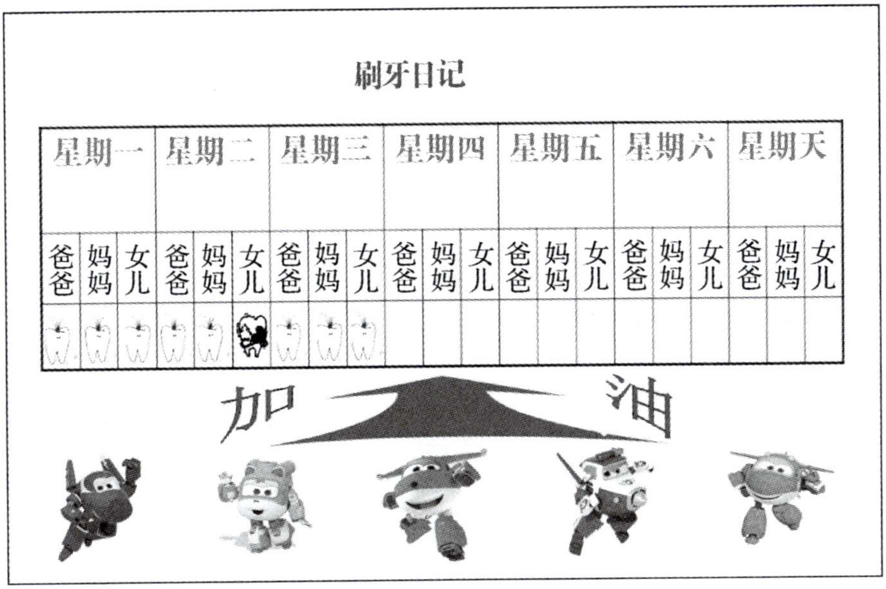

案例追踪

小青是一位二年级的小女生，牙齿有点黄，家长反映如果孩子太累太困，就没有要求孩子刷牙。除了这些情况，平时要提醒或强行要求，孩子才肯去刷牙，每次家长检查刷得不干净都会忍不住责骂孩子，勒令孩子重新刷。现在孩子对睡前刷牙很抗拒。我们向家长具体分析了原因，并给出了建议，于是小青妈妈这样做：

绘本引路，教导方法

小青妈妈经常跟小青一起看有关牙齿清洁的绘本，帮助小青认识睡前刷牙的重要性及睡前不刷牙的危害，并教导她刷牙的正确方法。

设计表格，比赛刷牙

接着妈妈跟小青一起设计了“刷牙记录表”，每晚全家人听着“刷牙歌”一起刷牙，还比赛谁刷得最干净。

温和而坚定地让孩子把牙刷干净

偶尔小青刷牙刷不干净，妈妈都会温和地、耐心地引导小青该如何刷，并鼓励小青再刷一遍。

妈妈微笑着说：“小青，你还记得《牙齿大街的新鲜事》里说过，如果刷牙刷不干净，会有什么后果吗？妈妈不想你牙齿痛，你自己也不想吧，再去认认真真刷一次，把牙齿刷干净吧。”

小青不情愿地说：“我现在很困了，想睡觉。我保证明晚一定刷干净，今晚我就不重刷了，行吗？”

妈妈温和地说：“去吧，重刷。”

小青还是不想重刷：“就一晚，好吗？”

妈妈坚定地说：“去，重刷。”

小青见妈妈不肯让步，只好去重刷了。

两个月过去了，现在小青基本上都不用提醒就能做到睡前自觉刷牙，牙齿也没以前那么黄了。一家人的努力已经初见成效，我们叮嘱小青妈妈，一定要继续坚持每天睡前刷牙，不要半途而废，要不然就会前功尽弃。

孩子睡前不主动刷牙，怎么办？

扫码获取音频，阅读更轻松

6. 孩子总是晚睡，怎么办?

家长困惑

“孩子晚上总是很晚才睡觉，我都不知道他第二天上课有没有精神。老师，怎么办呢？”

“老师，我平时上班忙，晚上总是很晚才回家，可是回到家以后总是看见孩子还没睡觉，在那里搞这个搞那个的，磨磨蹭蹭。”

“老师，我都不明白孩子怎么这么拖拉，明明早早就写完作业了，还是很晚才睡觉，怎么说都不听，真是让人恼火。”

……

孩子总是晚睡，怎么办？为此，我们综合多个案例，做了详细分析。

查找原因

（1）孩子没有时间观念，没有养成良好的作息习惯

孩子从小缺乏时间观念，做事没有规划，爱拖沓没效率。尤其是写作业的时候，喝喝水，做做这个，摸摸那个，趁机再看一会儿电视，时间就这样过去了，作业却没做多少。有的孩子比较懒散，家长催促的时候做一下，不催促的时候就不动了，或者发呆，或者做其他事情，时间就这样一点一点浪费掉了，导致晚上的睡觉时间也相应推迟。

另外，当孩子晚睡的时候，有的家长要么呵斥批评，要么不闻不问，没

有帮助孩子形成良好的作息习惯。有的家长有意培养孩子良好的作息习惯，但是却执行不到位，遇到一些挫折或者工作太忙，就放弃了。另外，对熬夜的危害不够重视，这也是孩子晚睡的原因之一。

（2）孩子缺乏家长陪伴，没有安全感

有的家长下班回到家已经是晚上八九点钟，甚至更晚，而孩子晚睡，是想和家长多待一会儿。毕竟家长工作忙，很晚才回家，没有多少时间陪伴孩子，而孩子需要家长的陪伴来满足自身的安全感。

（3）家庭没有营造按时睡觉的氛围

家里面可能还有其他因素的干扰，比如孩子在做作业的时候，家里有人看电视，或者家长还在玩手机、电脑，孩子写作业的时间延长，睡觉就晚了。有些家长只顾忙自己，孩子有没有睡觉也不管，或者只是象征性地催促一两声，让孩子去睡觉，等等，并没有特意营造睡觉的氛围。

解决策略

（1）帮助孩子养成良好的作息习惯

孩子晚睡，多半是由孩子没有时间观念、做事拖拉以及缺乏良好的作息习惯引起的，因此家长要和孩子一起规划作息时间。比如孩子晚上上补习班，八点半从补习班回来，九点半睡觉，那么，家长可以帮孩子将这一个小时内可以做的事情、必须做的事情列出来，如复习功课、看课外书、洗澡等。每个时间段做什么事情，安排好，并做成一个时间表。家长监督孩子严格按照时间表执行，慢慢养成良好的作息习惯。如果孩子一放学就回家，家长应该和孩子一起规划，先设定好睡觉时间，再按照回家后的活动顺序，比如吃饭、洗澡、做作业、收拾书包等，划分好每项活动需要的时间，然后根据实际情况调整安排，设立时间表。

（2）陪伴孩子，保证充足睡眠

家长一定要抽时间多陪伴孩子，给孩子安全感，让孩子感受到家长的关爱，孩子会更容易进入梦乡。很多家长常常因为工作忙、应酬多而忽略了孩子的身心发育，甚至有的家长是在孩子睡着后才回家，第二天孩子还没有起床就上班了，家长成为“影子家长”。这样的家长对工作固然敬业，但对于孩子而言，他们不仅仅需要衣食无忧的生活保障，更需要的是一个充满爱的家。所以，家长应推掉不必要的应酬，减少户外娱乐，多回家陪陪孩子。当然，在陪伴孩子的过程中，家长要尊重和理解孩子，多与孩子沟通，了解孩子晚睡的原因，避免不分青红皂白地批评、呵斥孩子。

（3）为孩子睡觉营造良好的家庭氛围

家长首先要做到言传身教，约束自己，做个好榜样。并不是说家长就不能晚睡，而是，家长也应该作息有规律，什么时间做什么事情，不浪费时间，如提高工作效率，家务不拖拉。娱乐要有节制，不是说不可以看电视、玩手机、玩电脑等，而是要有度。在孩子睡前，家长应该放下手头上的事情，关掉电视，放下手机，尽量让家里安静下来，和孩子聊聊天，或和孩子一起看看课外书，给孩子朗读一段故事等，陪伴孩子慢慢入睡。

案例追踪

嘉嘉是一名三年级的小学生，为了避免嘉嘉晚睡，妈妈给她列了作息时间表，可是效果不明显，甚至引起嘉嘉的反感。妈妈找到我们寻求帮助，她按照建议这样做：

培养按时早睡意识

妈妈事先搬出嘉嘉爱吃的水果沙拉放在餐桌上，说：“嘉嘉，我们来玩一个头脑风暴的游戏吧。”

嘉嘉兴奋地说：“好哇！怎么玩？”

妈妈继续说：“我们来说说晚睡的好处和坏处，我说晚睡的坏处，你说好处，一人一句说下去，说出一句就吃一小块水果沙拉。”

嘉嘉信心满满地说：“那还不简单，可以！我先说，晚睡的好处是可以有更多时间玩。”

妈妈紧接着说：“晚睡的坏处是休息不够，导致免疫力下降，经常生病。”

……

妈妈和嘉嘉一轮一轮地玩下来，嘉嘉听到晚睡的坏处这么多，开始有点不安了，问妈妈：“晚睡真的会这样吗？”

妈妈肯定地说：“对呀，短时间内看不出来，但是久而久之，身体就会表现出来。”

嘉嘉沉默了一会儿，说：“那我已经习惯晚睡了，现在改，还来得及吗？”

妈妈坚定地说：“可以啊，如果没信心，有妈妈在呢，妈妈会帮你的！”

陪伴孩子，执行到底

妈妈拿出之前的作息时间表，和嘉嘉一起修改，看看怎样做才更加合理。修改好之后，妈妈每天抽时间陪伴嘉嘉，按照作息时间表，一项项地去完成，特别是晚上的作业，要提高效率。妈妈和嘉嘉一起执行，不时地在旁边提醒、帮助嘉嘉。现在，嘉嘉慢慢习惯了早睡。

孩子总是晚睡，怎么办？

扫码获取音频，阅读更轻松

7. 孩子总要父母催促才肯起床，怎么办?

家长困惑

“老师，我女儿每天早上总是赖床，怎么办？”

“每天都要催促好几次孩子才肯起床，上学都快要迟到了，老师，怎么办？”

“我每天早上叫孩子起个床怎么就这么难呢，总要我发火了才慢吞吞不情愿地起来，老师，该怎么办？”

……

孩子总要父母催促才肯起床，怎么办？为此，我们综合多个案例，做了详细分析。

查找原因

（1）父母主动揽责

孩子之所以总要父母催促才起床，主要原因之一是父母过度控制，剥夺了孩子成长的权利。父母一心想孩子能够自己按时起床，遇到孩子不起床，父母自己就先乱了阵脚着急起来。起床本来就是孩子自己的事情，应由孩子自己管理、控制。但是父母生怕孩子迟到，因此总是不停地催促，没有放手让孩子学会自己管理自己，使孩子处在被动地位。例如：父母连闹钟都帮孩子调好；孩子不起床，父母就不停地催促；孩子来不及吃早餐，父母就打包好让孩子在车上吃；等等。孩子因为起床晚而产生的后果，全被父母一手解决了。因此孩子深知父母的套路，反正睡多久父母都会叫他起床，也并没有什么不良后果。于是，父母越着急，孩子就越不着急。就好像起床是父母的事情，而不是孩子自己的事情，父母帮孩子打理好了一切，孩子根本不需要担心什么。孩子的自我管理权利，全被父母剥夺了。

（2）晚睡

晚睡也是孩子赖床其中一个原因。造成晚睡的原因有以下几个：一个可能是作业的问题。比如作业比较多，或者孩子做作业比较拖拉。另一个可能是孩子想和父母多待一会儿。比如父母工作比较忙，下班回家较晚，没有时间陪伴孩子，而孩子有时候想和父母多待一会儿，和父母聊聊天，或者什么都不做，就是想多和父母相处，哪怕是一会儿也好。做事拖拉也是造成孩子晚睡的主要原因之一。比如孩子在睡觉之前做做这个摸摸那个，玩一会儿玩具，看一下书，看看电视，这样不知不觉时间就过去了。睡得晚，第二天就不想起床了。总之，无论什么原因，家长要细心观察，积极地查找原因，排除孩子晚睡的可能。

（3）天气寒冷

在环境因素方面，孩子可能会因为天气冷而贪恋被窝。但家长没有察觉孩子的感受，只是在不停地催促孩子快点起床，一味地指责孩子赖床，并没有解决实际问题。孩子听到家长不停的催促和指责，自然会产生厌烦和抵触的情绪，因此更不愿意起床。父母这种没有解决实际问题的口头说教，实际上是无效的，不仅对孩子的起床问题起不了积极的作用，而且会产生反效果。

解决策略

（1）让孩子为自己起床负起责任

父母应该让孩子自己选择起床的方式。父母可以和孩子协商，孩子更愿意选择哪种起床的方式：是调闹钟，还是父母叫醒？只要是孩子自己选择的方式，就是孩子接受的方式。无论孩子选择哪种方式，都要和孩子约定起床时间，父母最好不要自己决定孩子起床的时间。父母可以引导孩子选择合理的起床时间，例如父母可以和孩子一起协商：上课时间是8点，除去上学路上的时间、吃早餐的时间、洗漱时间，那么到底要几点起床才会有充裕的时间保证自己上学不迟到呢？让孩子自己去思考这个问题，自己规划起床的时间，自己调好闹钟，父母不需要插手。哪怕孩子定的时间不合理，也让孩子自己去体会，只有孩子体会到自己的时间安排不合理，才有可能接受父母的帮助，此时父母再和孩子一起商量如何调整好时间，让孩子全程参与这个过程。父母要让孩子为自己的行为负责。假如孩子选择闹钟叫醒的起床方式，父母要和孩子讲清楚：既然闹钟已经响了，你就应该抓紧时间起床，爸爸妈妈不会再去叫你，你自己把握好时间。如果孩子选择父母叫醒的起床方式，父母也要和孩子讲清楚：我只叫你一次，叫醒你了，你就应该尽快起床，我不会再叫你第二次，你自己把握好时间。

如果孩子起床晚了，父母首先要稳住阵脚，避免着急，避免说负面情绪的话。父母只需要心平气和地等待孩子洗漱完毕吃完早餐，不动声色地送孩子去上学。如果孩子真的迟到了，就让孩子体验一下迟到的后果，让他们学会为自己的行为负责。相信只要父母不做无效的干预，控制好自己负面的情绪，孩子就会自我调整。如果孩子真的迟到了，也许会错过一两节课，也许会被老师批评，甚至惩罚；年龄小一点的孩子也许会因为承受不住迟到的事实而哭泣，一整天的情绪都不好；等等。这样的结果看起来很糟糕，但也就是一两天的事情，孩子自己会面对这样的结果，并且扛过去。父母此时只需沉住气，不批评，不心软，和孩子一起面对这个糟糕结果，并且事后和孩子一起商讨如何避免这种情况再次发生。

（2）保证孩子充足的睡眠，避免晚睡

晚睡直接影响早起。父母可以和孩子一起商讨解决晚睡的问题。例如，如果孩子作业太多，则应该规划好写作业的时间，不要太拖拉。如果因为做事拖拉而造成晚睡，则应该提高做事情的效率，让孩子在规定好的时间内做好事情。

（3）天气寒冷要做足准备

寒冷的冬天躺在暖暖的被窝里的确是一种享受，这个时候每个人都会有赖床的惰性。小孩子自然更甚。这时候就需要父母做更多的准备。寒冷的冬天黑夜很长，因此可以督促孩子提前半小时睡觉。孩子不想起床多半是因为被窝里暖和，外面太冷。如果条件允许卧室可以开暖气，让温差没有那么大，这样孩子就不会因为外面太冷而不想起床。父母还可以提醒孩子将第二天要穿的衣服放在被窝里捂热，这样孩子起床穿衣服就不会感到冰凉不舒服，从而减少起床的阻力。

案例追踪

读四年级的小辉，每天都要父母催促才肯起床，若父母不及时叫，就赖着不起。父母批评教育后，情况稍有改观。但不出半月，小辉又回到原来的样子。小辉始终没有养成自己按时起床的习惯，还是依赖父母不停催促。基于这种情况，我们给出了建议，小辉妈妈根据我们的建议这样做：

让孩子主动负责

小辉妈妈把小辉叫到跟前："辉辉，你过来。我想和你聊聊早上起床的问题。之前爸爸妈妈监督，帮助你克服赖床的习惯，你都能很好地配合，后来爸爸妈妈觉得你能够自觉起床了，就停止监督你。但是你却又不能自觉早起了，你觉得问题出在哪里呢？"

小辉想了想，没有回答。

"是不是因为你觉得妈妈不叫你起床了，你就开始放松自己了？"

小辉点点头。

“那怎么办？你是想妈妈一直叫你起床呢？还是你自己自觉起床？你自己选择，没关系，无论哪种，妈妈都支持，只要你能克服赖床的习惯就好。妈妈也不是批评你，只是和你分析问题，然后我们一起解决。”

小辉想了想，说：“我试试自己起床吧。”

“你能选择自己起床，不用麻烦我来叫，你真了不起！你能告诉我你到时真的能醒来吗？”

“我会调好闹钟，让闹钟把我叫醒。”

“闹钟调到几点？”

“调到7点30分吧。”

“你上学是8点到学校的，7点30分时间有点紧。”

“调到7点10分吧。”

“这个时间合理。”

事前干预　避免晚睡

小辉自己自觉起床一段时间后，又打回原形。妈妈再一次和小辉沟通。

“你是想多睡一会儿，是不是？”

小辉点点头。

“是什么让你还想多睡一会儿？”

小辉没有回答。

“我发现是因为你做事情有点慢，导致晚睡。这样吧，我们做个调整，妈妈根据你列出的作息时间表，核对你做事情的进度，比如你要在8点前完成作业，妈妈会在7点30分的时候核查一下你的作业进度，以提醒你按时完成作业，不拖拉。如果你在作业上遇到什么问题，也可以及时向爸爸妈妈讨教。”

妈妈耐心地与小辉沟通，查找问题，让小辉知道妈妈是和自己一起解决晚睡晚起的问题，而不是自己一个人，小辉便有动力克服困难了。

帮助小辉建立起床日历

如果小辉能按时起床，妈妈就让小辉在日历上做个记号，画个太阳或者小辉喜欢的图案。一开始由妈妈做记号，到后面让小辉自己做记号，增强小辉的信心，让小辉接受按时起床的习惯。

妈妈陪小辉一起执行了差不多一个月的早起计划，现在小辉已经养成了早起习惯，不用父母过多催促。

孩子总要父母催促才肯起床，怎么办？

扫码获取音频，阅读更轻松

8. 孩子偏瘦，怎么办？

家长困惑

“老师，班里的小轩多强壮，我的标标又高又瘦，一阵风都能吹走，唉！”

“老师，我们家小琳总是不吃肉，太瘦，怎么办？”

“小月吃得不少就是不长肉，看到邻居家的孩子健康又强壮，我真担心！老师，怎么办？”

……

孩子偏瘦，怎么办？为此，我们综合多个案例，做了详细分析。

查找原因

（1）孩子被父母喂出“厌食症”

孩子不爱吃东西时，不少家长，尤其是老人总是担心孩子饿着，于是就追着喂饭，逼着孩子吃肉，以为这样才能保证孩子有充足的营养，完全忽略孩子的食欲，从而让孩子对“吃饭”产生厌恶感。时间一久，孩子只要吃饭就条件反射地产生“厌食症”的症状。因厌恶吃饭影响正常的营养摄入，身体长期得不到合理的供养，自然偏瘦。

（2）孩子偏食，营养补充不科学

当孩子喊饿，但又还没到吃饭时间，家长不忍心孩子挨饿，于是默许孩子找零食吃，到最后孩子就不好好吃正餐了。许多时候，家长为了让孩子长胖一些，会偏信一些增肥的偏方，一味地给孩子吃各种营养保健品，胡乱进补。显然这样的做法是不可取的。若不考虑孩子个体的特点，盲目吃补品反而会损坏孩子的身体。因此，孩子的饮食无规律，少食偏食，营养摄入不均，都有可能是造成偏瘦的原因。

（3）运动量过大，消耗大量的能量

有的孩子偏瘦，除了饮食习惯不好之外，还有一个重要的原因就是运动过度。孩子天性活泼好动，如果经常参加剧烈运动，而且持续的时间比较长，身体能量消耗极大，就很难储备脂肪，体重自然偏轻。

解决策略

（1）正确对待孩子的胖瘦

作为家长，孩子长得胖或长得瘦其实不必太担心，关键是孩子的身体是否健康。只要孩子的身体是健康的，胖点或者瘦点都是正常的。由于每个孩子生长发育情况不一样，即使有些孩子目前看起来稍微瘦了点，但只要身体健康，饮食正常，父母也不必过分担心，顺其自然就好。当然，如果孩子真的特别瘦，就一定要及时带孩子到医院做检查，看看是否存在发育不良的病症，做到早发现早治疗。

（2）培养良好的饮食习惯

还有一方面也是家长不可忽略的，那就是一日三餐要有规律，让孩子形成定时吃饭的生物钟。零食只是正餐以外的非必要补充，绝不可过量，更不能用零食取代正餐，尤其是垃圾食品，过多地食用垃圾食品会导致儿童肥胖、多动、注意力不集中等不良症状。作为家长，不要无节制地给孩子零食。饭前一小时不宜给孩子吃零食，以免抑制正餐食欲，导致孩子到该用正餐的时候却什么也吃不下。如果孩子到饭点不吃饭，我们可以用坚定又温和的语气告诉孩子："你现在不吃饭，就要等到下一顿饭的时间才有吃的，而

且在这段时间中，任何零食都不能吃哦。”不少父母生怕孩子被饿着，想方设法哄孩子多吃东西。其实只要孩子身体健康，偶尔的饥饿并不是坏事，反而会让孩子产生更大的食欲。

另一方面，家长可以根据孩子的一些偏好，搭配健康食物，花点心思做些营养均衡的菜式；在做饭的过程中，也可以让孩子参与进来，为吃饭增添趣味，刺激孩子的食欲，增加孩子的营养摄入。

（3）运动有度

如果孩子性格活跃，每天的运动量很大，家长可以考虑适当减少运动量。比如说，为孩子制订合适的运动计划，选择适当的运动项目，合理安排运动的时间。还可以在两顿正餐之间，让孩子喝一些牛奶和吃一些营养点心，增加能量补给。

案例追踪

小毅越长越高，差不多一米六，但体重只有35公斤。小毅妈妈十分担心，向我们诉苦。我们建议她这样做：

饭前不吃零食

小毅喜欢饭前吃零食。

这天回到家，小毅大喊：“奶奶，我好饿！”奶奶和蔼地说：“乖乖，等一会儿，菜很快就做好了。”

小毅不听，直接到柜子里找零食，妈妈看见了走过去拿走他手上的薯片，坚定地说：“饭前不能吃任何零食。”小毅有点委屈，但想到不一会儿就能吃饭了，还是放下手中的零食。因为饭前没有吃零食，他比平时吃得更香，足足吃了两大碗饭。要知道，小毅平日里只要是饭前吃了零食，吃饭的时候就心不在焉，还会嘀咕饭菜都不好吃，磨蹭半天都吃不完。

增加营养，加强锻炼

晚上，妈妈和爷爷、奶奶、爸爸一起商量关于小毅吃饭的问题，一致通过饭前一小时大家都不能吃零食的决定。一小时之前，小毅可以喝牛奶和吃一些有营养的点心，补充一定的能量和营养，既满足对美味的欲望又不影响正餐。而且，大家一致决定以后家里不再买薯片之类的垃圾食品。妈妈在一日三餐的营养搭配上更花心思，早餐注重主副相辅、干稀平衡、荤素搭配，晚上睡觉前半小时会根据孩子的情况，让小毅吃点心和喝点牛奶。

接下来，小毅还加入了学校篮球队，每天都坚持体育训练。按照以上的方法坚持了差不多半年，小毅越长越高，虽然看起来还是显瘦，但体重增加了，身体也变得结实了，十分健康活泼。小毅的爸爸妈妈也不再为孩子偏瘦而苦恼了。

孩子偏瘦，怎么办？

扫码获取音频，阅读更轻松

9. 孩子不爱运动，怎么办？

家长困惑

“老师，我的孩子除了做作业就是看电视，动也不想动，怎么办？”

“老师，我每个周末都想带孩子出去运动一下，但他总是在玩手机，要骂好几次才出去，真气人呀！”

“我每天晚上叫孩子到小区下面篮球场打篮球，他总是说没人跟他一起玩，打球没意思，不想去。老师，你说我该怎么办呢？”

……

孩子不爱运动，怎么办？为此，我们综合多个案例，做了详细分析。

查找原因

（1）孩子因素

①先天因素。孩子不喜欢运动，可能是从小体弱多病，比较少运动，导致身体瘦弱或者虚胖，因而在运动中跑得慢、跳不高或传球不准等。还有一些孩子天生手脚协调能力差，对运动不感兴趣。

②后天因素。现在是网络时代，孩子经常沉迷玩游戏，导致不愿意出门，更别提运动了。再加上现在学习任务比较重、压力大，孩子怕参加运动会耽误学习，所以宁可窝在家里学习。还有一些孩子因为在运动中失败过，从而对运动失去了兴趣。

（2）父母因素

父母建议孩子运动的项目，大部分都是父母凭自己的兴趣和爱好选择的，不是孩子所喜欢的，因此，孩子不愿意跟父母一起出去运动。有的孩子不是不喜欢运动，而是有些父母帮孩子报了很多兴趣班或补习班，剥夺了孩子应有的运动时间。还有的父母因为工作很忙，没有时间陪孩子运动。 久而久之，孩子就不太爱运动了。

（3）找不到同伴，难以坚持

有些孩子居住在小区，邻居都是不认识的。由于孩子天性就喜欢与别人做伴，但因为居住环境的影响，孩子找不到同龄人参加运动，运动中少了很多乐趣，所以孩子一个人运动很难坚持。

解决策略

（1）让孩子明白运动的重要性

众所周知，长期适量的规律运动能加强身体的免疫机能，增强孩子的体质，促进大脑发育，还可以促使孩子身高有所增长。

作为父母，我们应该怎样让孩子明白运动的重要性呢？比如：我们可以让孩子了解邻居家的孩子或班上的同学因为参加打篮球、踢足球等运动，身体变得越来越强壮了；也可以引导孩子阅读《运动改造大脑》之类的书籍，让孩子明白运动对大脑发育起到的作用；还可以让孩子观察身边与他同龄的同学和朋友，让他明白常运动的孩子往往长得更高。

（2）培养孩子运动的兴趣

作为父母，空闲时一定要多陪孩子参加各种各样的运动，帮助他们发掘运动的兴趣点。同时带孩子多观看一些现场运动比赛。如家长和孩子观看篮球比赛时，可以适当夸张解说："哇，这位参赛队员太厉害了！动作灵活，基本功扎实，他就是爸爸崇拜的篮球偶像。他能这么厉害，原来是从10岁就开始打篮球。你看，你现在才8岁，如果你现在开始练习，一定会比他更棒，成为爸爸的偶像！”像我们小时候一样，孩子生来就崇拜英雄，而现在的孩子又以能力超过父母为荣，所以家长要抓住孩子的这个特点适当地引导。如果孩子眼里有点兴奋和感兴趣的神色时，就要趁热打铁，和孩子一起参加这项运动，并坚持陪伴下去。

（3）让孩子享受运动带来的成就感

发掘孩子喜欢的运动以后，家长不妨这样做：首先，让孩子和班上有相同运动兴趣的孩子一起玩，比如一起打羽毛球、打篮球、打乒乓球等，还可以约定周末或平时做完作业后一同去运动。孩子有了同伴一起运动，坚持的可能性也就大大增强了，更重要的是他们可以分享运动过程中的乐趣。如果孩子想进一步提升运动技能，家长可以积极支持孩子参加喜欢的运动兴趣班。在学校每一年举行的运动会中，家长应该鼓励孩子报名参加比赛，让孩子通过展示自己的运动特长与爱好，获得身边同学、老师的肯定和赞扬，如此孩子对运动的兴趣自然比以前更浓厚。

案例追踪

小明是独生子，因为从小体弱多病，家里人对他百般照顾，所以小明很少参加户外运动，个子明显比同龄孩子矮了半个头，而且身子特别瘦小。早上上课也经常打瞌睡，没有一点儿精神。他的父母向我们求助，听了建议后这样做：

激发运动兴趣

经过一段时间的观察，爸爸发现小明对游泳有些兴趣。于是夫妻俩商量好，决定以游泳作为突破口，培养孩子的运动能力。

爸爸在网上搜索有关游泳的各种资料，做好充分的准备。

周末早上，小明爸爸把小明叫到电脑桌前，说："小明，咱们来看看奥运会游泳比赛吧。"

小明点点头。

看完后，爸爸引导说："我觉得游泳是一项很有意思的运动，你说呢？"

小明表示赞同："我也有同感，特别是孙杨能代表中国队力压外国队，拿到冠军，真了不起！"

爸爸接着说："是呀，我还找到了著名游泳运动员钱红教游泳的视频呢，咱们一起看看。"

小明兴奋地说："好啊！"

两人一起认真地看完《游泳第一课》。

小明自信地说："游泳也不难啊！"

爸爸表示同意："是呀，咱们也到水里试一下吧！"

小明兴致勃勃地说："好！"

实地体验，鼓励肯定

爸爸把小明带到浅水池里，教他半蹲把脸放在水里学习换气。

刚开始的时候小明只能憋气5秒钟左右，爸爸在旁边不断地鼓励他说："孩子，加油！孩子，加油！"

经过两个晚上的练习，小明憋气的时间渐渐从5秒到10秒，甚至更多，爸爸夸他是憋气小能手，小明开心极了！

过了两天，爸爸教小明在游泳时如何呼吸和手脚怎样协调。爸爸不断地引导，还表扬小明比他小时候学得快，学得好。这时小明学游泳的信心也大大增强了。

又经过三个晚上训练，小明可以游到10米了，爸爸竖起大拇指表扬他。去年暑假，小明因为对游泳很感兴趣，就跟班上几个同学一起报了游泳班，提升游泳水平。现在小明越来越爱运动了，身体素质明显比以前好了，人看起来有活力多了。

孩子不爱运动，怎么办？

扫码获取音频，阅读更轻松

10. 孩子不懂随天气变化增减衣服，怎么办?

家长困惑

“孩子都读五年级了，还是不会自己根据天气穿衣服，老师，怎么办呢？”

“老师，我感觉我家源源不会随着季节的变化穿衣服，时而穿多，时而穿少，真怕他感冒，真让人操心！”

“大冬天的，就穿那么点衣服，也不知道孩子冷不冷，不那么冷的时候又穿得厚厚的，说什么都不听，生病了怎么办？老师，这孩子真是让人头疼！”

……

孩子不懂随天气变化增减衣服，怎么办？为此，我们综合多个案例，做了详细分析。

查找原因

（1）家长的一手包办导致孩子缺乏自理能力

现在大多家长一手包办孩子的饮食起居，过度照顾，导致孩子缺乏自理能力。有的家长比较强势，孩子的生活起居都是他们说了算，孩子没有任何的话语权，只有服从。这样的孩子失去了锻炼自理能力的机会，就会渐渐变得没有主见，连穿什么衣服，穿多少，都是父母说了算。

（2）家长过度担心

家长的过度担心，也会让孩子丧失自理能力。家长因为不放心，对孩子的生活起居不放手，因此造成孩子没有自理的能力；孩子没有自理能力，家长就更不放心，由此形成一个恶性循环。比如家长会担心孩子生病：如果孩子感冒发烧，随之而来的是花更多的时间与精力去照顾孩子，这不仅给家长带来不必要的麻烦，而且家长也担心孩子的学业被耽误。因此，家长就会强力干预孩子增减衣服，不会让孩子自己决定穿多少衣服。

（3）家长与孩子之间沟通不畅

沟通不畅，也会导致孩子不能根据天气变化增减衣服。比如家长没有和孩子好好沟通，只是一味地站在自己的角度考虑问题："天气冷，你就该多穿衣服，没什么好商量的，你看外面都10℃以下了，怎么可能不冷？"又或者说："我都觉得冷了，你难道就不冷吗？"但是，在孩子脑中，10℃以下是个什么概念，他根本不清楚；外面温度多少，他也不用操心。"有妈妈在，妈妈都决定了，我有什么好说的？"因为没有沟通，都是父母说了算，孩子也就没有机会倾诉、解释为什么他不想多穿或少穿衣服。

解决策略

（1）创造机会培养孩子的生活自理能力

作为家长，我们应该鼓励孩子自己的事情自己做，并参与到家务当中，培养孩子的生活自理能力。例如：自己收拾书包、整理自己的房间；家里大扫除时，可以让孩子统筹制订计划，分配任务等；家长干家务活时，可以让孩子一起帮忙；组织家庭聚会、家庭旅游等，都可以让孩子参与策划、筹备的过程。总之，尽可能创造机会让孩子参与家务事，让孩子在参与的过程中不断实践、体验，并和孩子一起总结经验，从而培养孩子的生活自理能力。

（2）放手让孩子自己体会，还孩子独立自主权

孩子不会根据天气的变化增减衣服，多半是因为孩子对天气冷暖没有直观的感受。而家长在天气变化尤其是天气转冷时，往往会根据自己的感受给孩子增减衣服。然而这只是家长的感受，不是孩子的感受。孩子只有通过自己去感受，才能学会根据天气变化增减衣服。也许孩子一开始会穿得过多或者过少，穿多了孩子会感觉热，穿少了孩子会感觉冷。但无论冷热，都是孩子自己的感受，那么孩子就会根据自己的感受去调整。久而久之，孩子就会根据天气的变化以及自己的体验增减衣服了。

（3）平等沟通，让孩子明白增减衣服的意义和后果

家长应该放下身段，和孩子平等沟通。我们不妨蹲下身问问孩子："为什么你不愿意多穿件衣服？你是不是觉得已经穿得够了？还是……"多了解孩子自己的想法，而不是将家长的想法强加于孩子身上。另外，家长也应该让孩子明白增减衣服的意义。例如，天气冷了需要增添衣服，这是自然规律，也是人体的本能反应。我们应该顺应自然，顺从自己的身体，否则会有着凉生病的风险，等等。要和孩子说明，如果孩子感冒了，家长会难过、担心，让孩子感觉到家长的关心和牵挂。而不是单纯发号施令，让孩子感觉自己被控制，甚至连穿衣服都是被迫的。

案例追踪

桐桐11岁，是一名五年级的学生。桐桐一到冬大穿衣服就时而多时而少，妈妈因此很烦恼，特来寻求帮助。按照我们给出的建议，桐桐妈妈这样做：

了解真实想法

妈妈问桐桐：“冬天天气冷，每天都应该穿足够的衣服保暖，可是有时候你穿得特别少，你不觉得冷吗？”

桐桐耸耸肩，说：“有时候觉得穿太多了好臃肿。我想穿得酷一点，穿太多了感觉很奇怪，会被同学笑话的。”

妈妈：“噢，这样啊。那穿得酷的时候冷不冷？”

桐桐：“挺冷的。”

妈妈：“既然这样，那我们来想一想有没有两全其美的办法吧。”

调整方法，顺应成长规律

11岁的孩子，慢慢开始注重自己的外表了，也开始在意同学朋友的看法了。妈妈并没有因此而批评桐桐，而是和桐桐一起，研究衣服怎样搭配才能既保暖又好看。买衣服的时候，妈妈也会让桐桐自己挑选，只要价格合理，不奢侈浪费，妈妈都会尊重桐桐的选择。现在桐桐已经学会根据天气的变化增减衣服，妈妈再也不用为桐桐穿衣服的问题担心了。

孩子不懂随天气变化增减衣服，怎么办？

扫码获取音频，阅读更轻松

11. 孩子假期安全意识不强，怎么办?

家长困惑

“老师，你看，假期就要到了，我儿子特别爱游泳，一到游泳池就喜欢猛地往水里跳，不太注意安全，怎么办呢？”

“我儿子才11岁，还没到法定骑单车出行的年纪，可他总是偷偷骑出去，我真担心他有危险啊！现在又要放寒假了。老师，该怎么办？”

“老师，我和孩子妈妈都忙于生意，放假了也没时间盯着孩子。这孩子又不省心，有时候跑出去玩，很晚都不知道要回家，我们真担心他。怎么办？”

……

孩子假期安全意识不强，怎么办？为此，我们综合多个案例，做了详细分析。

查找原因

（1）孩子缺乏危险的体验经历，不知道危险就在身边

虽然孩子们在学校经常接受各种安全教育，在家经常听父母讲解安全的重要性，但是这些教育终究都是停留在口头说教上，孩子亲身经历或体验过的危险情境很少，几乎是没有的。所以，他们对危险的认识度不高，应对危险的技能和方法也就犹如纸上谈兵。

（2）假期心态放松了，警惕性下降了

为什么假期少年儿童的事故发生率会比平时高？这是因为孩子们刚刚经历了一个学期漫长的学习和紧张的期末考试，紧绷的情绪和每天规范的作息时间一下子就解禁了。他们渴望自由，渴望三五成群结伴外出。放松的心态替代了平时的规矩和守则，孩子们很容易就把学校的规范、老师的叮嘱、家长的提醒抛诸脑后，从而忽视了安全的重要性。特别是暑期天气炎热、雨水多，也给了孩子们外出游玩，甚至戏水的借口和机会。

（3）放假时间长，父母与孩子作息时间表对不上，缺乏有效监管

小学生的暑假近2个月，寒假也有1个月，假期孩子们都不再需要按时起床上学，也没有了每晚写作业的任务。但是孩子的父母绝大多数还要正常上班，有的甚至周末也要加班，不可能带着孩子上班或者请假在家带孩子，于是就存在监管孩子的“真空”。

解决策略

（1）开展亲子共读、共看、共讨、共行等体验式的安全教育

让孩子真正体会到身边处处有危险，需要时刻提高警惕，远离危险，并掌握一些简单基本的自救常识。比如选取《我的第一套亲子安全绘本》共读，登录各级安全教育平台选取相关视频共看，还可以开展共同分享、讨论等活动，最好能模拟危险情景，鼓励孩子展示自救、营救方法。例如：带孩子到游泳池模拟有人落水时，孩子应该怎么做；带领孩子过马路时，以身作则，查看交通信号灯并走斑马线；看到马路上有小学生骑自行车，家长带头阻止这种不安全行为等，通过言传身教，给孩子树立正确榜样。

（2）提高警惕性，把安全教育摆在首位

孩子放假在即，作为家长，我们需要提前跟孩子“敲警钟”，并部署假

期任务。比如“我们一起来制订一个寒假读书任务吧”“暑假到了，我们想带你出去玩一玩，请你制订一个详细的出游方案，特别要注意安全问题哦”，等等。同时，家长要让孩子意识到即使放假了也不完全是放松和玩耍，还要为下学期学习做更好的准备。

（3）制订有效的时间规划表，落实好监护职责

有条件的家庭当然可以选择有资质的机构进行假期托管，若条件不允许，家长又要上班，孩子一个人待在家里没人看管怎么办？这就需要家长与孩子共同制订假期学习生活安排表，从整体上规划假期每阶段的学习生活主题，再从具体的时间分配规划学习生活安排，并且要求家长在每天睡觉前都跟孩子一起总结当天的时间规划执行情况。孩子有事做，有任务了，自然就不容易“胡思乱想”，不会轻易“放飞自我”到处乱跑，也就避免了溺水、交通事故等的发生。同时，建议家长在上班期间不定时给孩子打电话，确认孩子完成“时间安排表”任务的情况，及时掌握孩子身处的环境，确切落实我们作为第一监护人的职责。

案例追踪

六年级的小邓曾经是一位令家长、老师头疼的孩子，每到暑假，他的手脚上都会留下不少伤疤 。在小邓四年级时，他的父母就意识到了孩子不注意安全的危险性，向我们寻求帮助。在我们的帮助下，小邓的父母回去之后及时改变策略。

落实、总结暑假时间安排表

放暑假的第一晚，妈妈对小邓说：“儿子，来，爸爸妈妈和你一起制订一个暑假时间安排表。你先把作业和自己觉得重要的、想做的、要

做的事列出来。我们再帮你看看还有什么要补充的。”

小邓在草稿纸上写完后给妈妈看，妈妈提醒：“你看，你写了‘作业’‘阅读’‘劳动’‘运动’‘兴趣班’，写得不错。妈妈觉得暑假是很容易出现安全问题的，我们是不是应该把安全问题也加进去呢？”

小邓点点头，把“安全”记下了。之后根据这几大项具体列出了任务清单。

家长落实每晚及时总结的任务，肯定表扬做得到位的，指出存在的不足，并督促改正或落实。及时给孩子反馈信息，强化正确行为。

抓住契机体验危险，纠正孩子不当做法

这一天，爸爸带小邓去爬山，到了山顶的亭台上，小邓非常兴奋，一个跳跃把上半身趴在栏杆上，爸爸立刻让小邓下来，语重心长地说：“儿子，你知道刚才那个动作有多危险吗？”

“爸爸，我平时都试过的，没事。”小邓不在意地回答。

“如果这一跳太猛了，重心不稳倒栽葱了怎么办？如果后面有人不小心或者恶作剧推你一下，怎么办？”爸爸一脸严肃地提醒。

爸爸随即又在网上找了些做危险动作导致严重后果的视频给小邓看，让他意识到危险性。

之后，爸爸更加留意小邓的安全问题，及时提醒教育。现在的小邓已经懂得自我保护、自我约束，不再让家长担心了。

孩子假期安全意识不强，怎么办？

扫码获取音频，阅读更轻松

二　孩子的心理健康有赖于父母的滋养

孩子在成长的过程中，除了拥有健康的体魄之外，还需要健康的心理。而父母所给予的心灵滋养是任何人都无法替代的。

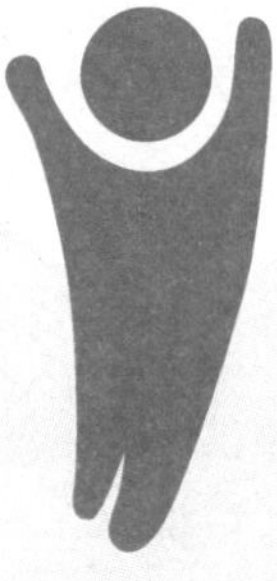

1. 孩子学会撒谎了，怎么办？

家长困惑

“老师，孩子为了能早点出去玩，作业没有写，竟然骗我说作业写完了，这么小就撒谎了，怎么办？”

“我的孩子昨天为了看电视，骗我说所有作业都做完了，今天数学老师投诉他作业没有完成。老师，怎么办？”

“我儿子问我要手机，说要做老师布置的作业，后来被我发现原来是在玩手机游戏。老师，该怎么办？”

……

孩子学会撒谎了，怎么办？为此，我们综合多个案例，做了详细分析。

查找原因

（1）孩子为得利而撒谎

由于年纪小，孩子的世界观、价值观还处于形成的阶段，头脑中缺乏严谨、三思而后行的理性思考，面对玩乐的诱惑，他们容易无恶意地撒谎。有时候，孩子为了获得他人的认同，会用夸张的、失真的形式描述自己的行为，以便博得更多的关注。而在日常生活中，面对孩子人生中的第一次撒谎，很多父母不太容易甄别出来，有的父母可能隐隐约约知道，但不重视。他们或许认为孩子还小，而且觉得撒谎存在普遍性，误认为随着年龄的增长，会有所好转，小小地撒个谎可以原谅，从而错过了及时教育纠正的机会，使得孩子不能正确认识撒谎的严重性及导致的后果，可能继续撒谎。

（2）孩子为自保而撒谎

孩子做错事为了免于责罚，就对父母撒谎。在这个过程中，很多父母为了让孩子说出真相，都会信誓旦旦地说："你只要老实交代，我就不会责罚你！"但当孩子真的说出事实后，有些父母会暴跳如雷，以及用"我揍你""我收拾你"这些非常严厉和暴力的言语对待孩子，导致孩子下次遇上同样的情况，就会为了自保选择撒谎。父母对孩子的指责批评，表面上是为了避免撒谎行为，但如果是不分场合的指责谩骂，更会深深伤害孩子的自尊心，孩子会害怕被父母知道自己的举动，更会掩饰，更会选择撒谎。

（3）孩子仿效父母的坏榜样

生活中，父母经常会说一些他们认为无伤大雅的"谎言"，殊不知这样的行为会让孩子觉得撒谎是一件很平常的事。有的父母平时在与朋友交往过程中不注意言行一致，偶有的出尔反尔行为，孩子看在眼里记在心里。有的父母为了提升孩子学习的积极性，答应给予奖励，但最终不履行承诺，又让孩子觉得父母是在欺骗自己。如此种种，日积月累，潜移默化地影响着孩子，孩子就会不知不觉地习得撒谎行为。

解决策略

（1）首次撒谎，及时制止

如果孩子刚出现撒谎行为时没得到及时制止，孩子就会因为得"利"而再次选择撒谎，撒谎的次数也会逐渐增多，所以家长必须认真对待孩子的第一次撒谎行为。当发现孩子有撒谎行为时，家长先要找到孩子撒谎的根本原因，然后对症下药，把撒谎的不良行为消灭在萌芽状态，诚实品质才会慢慢形成。例如，有的孩子在一年级的时候就发现，只要考试拿到满分父母就会特别高兴，而且还能得到奖励。所以，当考试成绩不理想时，孩子就会出现欺骗父母的行为。作为父母，当发现孩子撒谎时要告诉孩子考试的意义和父母其实更看重孩子是否诚实、是否认真努力，同时也应收回奖励，让孩子受到一定的惩罚，还要温和而坚定地告诉孩子，假如下次再欺骗爸妈，爸妈会特别难过，而他还会受到更加严厉的惩罚。

（2）分析原因，灵活处理

如果孩子是因为合理需求长期得不到满足而撒谎，父母就要反思自己，并及时与孩子沟通，满足孩子的合理需求。如果发现孩子是因为犯了错误想要逃避责任而撒谎，父母首先就要接纳孩子出错的行为，帮助孩子认识自己的错误，并主动承担错误所带来的后果。这样不仅能帮助孩子改正错误，还能培养孩子的责任意识。

我们教育孩子是为了纠正孩子的不良行为，让孩子有进步。当孩子说出真相时，我们应该信任孩子，和孩子一起商量下次遇到类似情况用什么方法解决。如果与孩子建立起了互相尊重、彼此信任的情感，便可在源头上杜绝撒谎。

（3）做孩子的好榜样

孩子的撒谎行为也可能是跟父母学的。如果说孩子是“复印件”，那父母就是孩子的“原件”。因此，我们在教育孩子诚实守信时，更需要严于律己，为孩子做好榜样，言行一致。若是不自觉地在孩子的面前撒谎，也应当在孩子面前主动承认与自我惩罚，我们相信，父母诚实守信的作风终会影响到孩子，让孩子也变得诚实守信。

案例追踪

小东家长虽然明白上面讲的道理，但是他们在处理孩子撒谎问题时，还是会情绪失控，甚至对孩子大打出手，可打完孩子又十分后悔。我们建议家长不要带着情绪解决问题，在处理孩子撒谎问题时要理智。小东的家长后来是这样做的：

接受生气的情绪，控制升级的想法

有一天，小东班主任打电话投诉孩子没有完成作业，妈妈心想：昨晚已经向孩子确认过作业完成情况，他说已经全部完成了。妈妈越想越来气，但她想起我们建议的方法，先稳定自己生气的情绪，控制自己一步一步升级的糟糕想法：认为孩子的撒谎行为是人格败坏，孩子未来可能会成为小偷或者抢劫犯等。她慢慢压制自己的情绪减消怒气，同时想：没有问题的孩子，只有孩子的问题，这是一个很好的教育契机。

和善地商量，一起解决问题

小东回来了，妈妈心平气和地说："小东，你过来，妈妈想跟你聊聊天。"

小东已经知道老师打电话向家长投诉了，他忐忑不安地坐在沙发上，准备接受一顿来自妈妈的暴风骤雨般的指责。

接着，妈妈平静地说："妈妈今天接到老师的电话，说你没有完成作业。我想听你说说是怎么回事，看看问题在哪里，我们一起来解决。"

小东发现妈妈并没有因为他的撒谎而生气，还愿意和他一起解决问题，松了一口气，把事情的经过一五一十告诉了妈妈。

妈妈回应道：“原来是这样啊，如果能重来一次，你会怎么做？”

小东思考了一下说：“我会告诉你我忘了带语文练习册，请求爸爸开车送我回学校拿。”

妈妈边点头边说：“如果偶尔漏带作业一次，我们可以帮忙解决。但如果你能检查好，以后不再漏带东西，就更好了。这件事你打算怎么补救？”

小东不断地点头说：“我会立刻补做完，明天交给老师检查。”

孩子在成长的过程中必然会出现各种各样的问题。如果父母能正确对待孩子的问题，孩子就不会因为父母的不当反应，选择一次又一次撒谎了。

孩子学会撒谎了，怎么办？

扫码获取音频，阅读更轻松

2. 孩子在家不听话，怎么办？

家长困惑

“我家小丽每次到了吃饭时间，怎么叫都不听，多叫几次还要发脾气，老师，这该怎么办？”

“老师，有时我跟孩子妈妈在管教小孩，孩子爷爷奶奶看到了心疼，经常会出面维护，孩子现在越来越不听我们的话了，怎么办？”

“老师，别人家的孩子怎么就那么乖巧听话，我家的孩子让他做的没做，不让他做的偏做了许多，怎么就那么让人头疼呢？”

……

孩子在家不听话，怎么办？为此，我们根据家长们提供的个案情况，做了详细分析。

查找原因

（1）家人的溺爱

由于现在人们的物质水平提高了，而大部分家庭又只有一两个孩子，所以很多家长就会以孩子为中心，不自觉地宠着孩子。孩子想要什么就给什么，导致孩子将家人的爱和付出当作是理所当然的。有时孩子发脾气，家长也只会不轻不重地说孩子几句，并没有使用科学有效的方法教育孩子，更别说让孩子为自己所做的事负责任。家长有时甚至还会帮孩子找理由推脱，“孩子还小，不懂事！等他大一点儿，自然就懂了”。家长这样溺爱孩子，使得孩子在家只会越来越不听话。

（2）管教缺乏一致性

一个孩子的身边往往围绕着多个大人，每个人对孩子所提出的要求，对孩子出现问题后的处理方式或意见难免不一致，有时甚至互相矛盾。例如爸爸在批评教育孩子，妈妈可能就会维护孩子。渐渐地，孩子就会觉得自己做错事也会有人帮自己解围，变得有恃无恐，更加任性了。

（3）为了得到大人们的关注

由于很多家长都是上班族，平时忙于工作，对于孩子的关注不够及时和全面，只满足了孩子物质上的需求，忽略了孩子的内心感受，孩子普遍缺乏安全感。因此，为了吸引家长的关注，孩子们往往会故意跟家长唱反调。

解决策略

（1）爱孩子要有“度”

首先，我们爱孩子要有规则。比如：吃饭的时间到了，孩子还哭着闹着要看电视，如果这时我们妥协了，孩子就会意识到自己可以通过耍赖哭闹来达到目的。所以，当孩子闹情绪时，我们要不急不躁，始终坚持之前定下来的规则，等孩子冷静下来后再跟他讲明道理，这样孩子以后做事也会遵守规则。

在日常生活中，我们要引导孩子认识什么是正确的，什么是错误的；什么事做了会得到表扬，什么事做了可能会受到责罚。比如：自己的事情自己干；要主动与人打招呼；吃饭时不能看电视或玩手机；每天做自己力所能及的事；等等。孩子做得好的时候，我们的表扬鼓励是他们坚持的动力；孩子做得不对时，我们要及时指出，避免孩子错下去。这样，孩子就知道该怎样规范自己的言行，也能意识到生活中处处充满规则，从而愿意遵循规则、按规则办事。日积月累，孩子才会养成良好的行为习惯。

（2）对孩子的管教要一致

当孩子任性不听话时，家庭各成员在教育孩子前要统一立场。如当爸爸批评孩子时，妈妈或爷爷奶奶不要出面袒护、干涉。大人之间在教育孩子的问题上有不同的看法时，千万不要当着孩子的面争吵，一定要避开孩子商量。

（3）与孩子沟通，做一个倾听者

当孩子不听话时，不少家长的第一反应就是生气发火，而没有去探究深层次的原因。其实父母应先问问自己：孩子经历了什么？自己是不是忽略了孩子？是不是孩子有别的意见或想法，自己没有关注到？最好是先耐心听听孩子的说法，跟孩子好好聊聊，了解孩子的内心想法和他的真正需求。再根据实际情况，处理好孩子的需求，如果合理，可适当满足；如果不合理，家长应说明理由。当孩子有情绪时，我们可以表达对孩子情绪的理解，跟孩子说清楚原因，给予孩子一个拥抱，让孩子明白我们的底线和原则。

案例追踪

小李经常将玩过的玩具丢得满地都是，家长让他将自己的玩具收拾好放回玩具箱，他不仅又哭又闹，不肯听话，还把玩具弄得更乱。当小李妈妈气得想好好教育小李一番时，宠爱孩子的爷爷奶奶总会偏袒孩子。看着小李得意扬扬的笑脸，小李妈妈很伤脑筋。她后来和我们交流，听了我们给她分析的原因和解决方法后，是这样做的：

统一战线

这天，小李妈妈看到小李又将玩具丢得满地都是，就让他将自己的玩具收拾好放回玩具箱，小李又哭又闹就是不肯，反驳：“为什么要放回去？”“我不想收起来！”“我还要玩的……”边说边把玩具弄得更乱了。

小李妈妈一边拉住闻声而来的爷爷奶奶，一边对小李说：“你可以继续玩这些玩具，等你不玩了，妈妈可以陪你一起收拾好放回玩具箱。”

小李妈妈私下里对爷爷奶奶说：“孩子总把玩具弄乱，没有收拾的好习惯，对他的成长不利。我现在需要你们跟我一起努力，培养他把玩具收拾好的习惯。”

小李发现爷爷奶奶也不来帮他，还和妈妈一起要求他收拾好玩具，慢慢地停止了哭闹，并将玩具放回了玩具箱。看到妈妈，小李还高兴地说道：“妈妈，我把玩具都放好了。”

“你能自己自觉收拾好自己的玩具，真能干！”小李妈妈拍拍小李的肩膀，竖起了大拇指。

如果事出突然，家庭各成员可坚持一个原则：“谁先说话，就让他把话说完。”

沟通交流，坚持规则

吃饭时间到了，小李还闹着要看电视不肯吃饭：“我还不饿，等看完这一集我就去吃饭！”

妈妈表示理解地点点头，对小李说：“看来这个节目很好看，但现在是吃饭时间哦，大家都在等你，我们可以先吃了饭再看。”

“可是，可是等一下它就没了，看不了了。”小李有些纠结。

“饭菜已经煮好了，放久了就冷了，不好吃。而且全家人都在等着你，你现在不吃，待会就没得吃了。现在电视都可以回放，我们可以吃完饭再看回放。”

“那好吧，就先吃饭，待会再看回放吧。”小李被妈妈成功说服。

“看来小李懂事了很多哦，真棒！”

经过几次之后，每当到了吃饭时间小李都会乖乖地坐在饭桌前先吃饭了。

如今一个学期过去了，小李爱闹脾气的坏习惯已经改掉了很多，表现得越来越好了。

孩子在家不听话，怎么办？

扫码获取音频，阅读更轻松

3. 孩子不接受批评，怎么办?

家长困惑

“老师，我一批评女儿做事慢，她就嘟着嘴，不高兴，做事也没有快一点，怎么办？”

“老师，我儿子不整理书包，批评他，他就敷衍说‘知道了，知道了’，可他的书包还是乱七八糟，教室的抽屉也很乱，还被值日生扣分。这可怎么好呢？”

“我指出儿子的错误，他还生气地说我烦人，态度既不诚恳，也根本不改正。老师，他怎么进步啊？”

……

孩子不接受批评，怎么办？为此，我们综合多个案例，做了详细分析。

查找原因

（1）批评变味，难有效果

批评是专指对缺点和错误提出意见，不是指责、抱怨、批判。

许多家长一遇到孩子犯错，情绪波动就很大，将批评孩子变成了指责、抱怨、批判，因此孩子抵触批评，更不会主动改正错误。另外，家长只顾发泄情绪，没有客观地提出意见，帮助孩子改正错误，孩子无法体会到批评的帮助作用。久而久之，他们就对批评无动于衷，甚至觉得这是父母心情不好乱发脾气。这样的批评难以起效。

（2）表扬不当，制造障碍

有些家庭，不管孩子做得如何，总是把“你真行”“你真棒”挂在嘴边，进行无原则的廉价的所谓“赏识”。再者，“你真行”“你真棒”这样笼统的表扬让孩子只知道自己得到了肯定，而不知道因为什么受到表扬。不管孩子怎么做，父母都只说孩子爱听的话，长此以往，孩子会觉得自己什么都好、没有缺点，自尊心特别强。你再批评他，他就不接受了，或是接受不了了。这些也给家长批评孩子制造了障碍。

（3）家庭言行，影响习惯

我们都认同，孩子就像是父母的一面镜子，映射着父母的一言一行。在日常生活中，如果家庭成员特别是父母也很难接受别人的意见或批评，长时间的耳濡目染，孩子就会模仿，并逐渐转化为自己的行为。当听到对自己不满或批评的声音时，孩子就条件反射般产生抗拒心理。

解决策略

（1）批评得当是前提

①调整认知。遇到孩子犯错，家长首先要调整心态。我们要接纳孩子的现状，而不是只接受孩子很“听话”“能干”“优秀”。不要将对孩子的期待与担心转变为焦虑，一焦虑就会指责、批评，甚至辱骂。这样不仅无法帮助孩子改正眼前的错误，更是将孩子推离我们，导致亲子关系恶化。

批评的最终目的是改正错误，帮助孩子解决问题。在让孩子认识错误的基础上，家长要与孩子一起找到纠正错误的方法，防止下次再犯同样的错误。比如孩子沉迷于游戏，成绩直线下降，此时的批评应是与孩子一起客观认识电子游戏与学习管理的问题，共同寻找方法，制订得力措施，科学监管游戏时间以提高学习成绩。

②先询问，对事不对人。孩子犯错时，家长开口只问情况不责骂；问清情况后，家长要用温和的态度指出孩子的错误。温和的态度能传递父母的善意，陪伴孩子消化难以承受的感觉。接着家长就可以帮着孩子一起面对问题、解决问题了。

批评的重点是孩子的错误行为，而不是否定他这个人，要对事不对人。父母不能说“你怎么这么没用！”“你没救了，这样下去怎么有出息？”这类否定、指责孩子的话语。而应该语气平和地说“如果你这样做会不会更好一些……”，只讨论某事这么做和那么做，哪个有益或哪个有效，并且只针对这件事，而不是翻旧账，更不要随意批评孩子。比如孩子由于情绪紧张，导致考试失利，而不是因为学习马虎，就不能批评。

（2）正确表扬是推手

正确表扬孩子，能够培养孩子面对问题时的积极思维习惯，推动孩子接受意见与批评。正确表扬要注意以下几点：

父母要明确地告诉孩子，他什么地方值得被欣赏。比如“你看到我两只手都拿着东西，主动来帮我提两袋水果，让我轻松多了”，这样孩子既知道了自己得到肯定的做法，也能明确自己哪些方面是要努力的，当有人指出自己的不足的时候也能坦然接受。

也可以告诉孩子，父母对这件事的感受。比如“你忍住不吃饼干，我佩服你”，这样，孩子就明确自己的行为会带给他人不同的感受。当他犯错时，他也能从情感上理解自己的行为影响了他人，确实不当，从而诚恳地接受批评。

父母还可以与孩子重温他做事的过程，在表扬中引导孩子如何才能做好一件事。孩子在犯错被批评时，就能明白自己在做事情时，到底是不够努力还是态度不端正，又或是其他问题。接受别人的批评就不再是难事。

（3）家庭言行是示范

孩子行为习惯的形成，往往不是“听”父母怎么说的，而是“看”父母怎么做的。

请大家设想一个场景。吃饭时，丈夫对忙了一天的妻子说：“红烧肉很香，可能少放小半勺盐会更合适点。”妻子明白菜可能咸了，尝了一块说：“嗯，的确咸了点，最后那点盐不倒下去就好了。”孩子常耳闻类似的对话，他会像爸爸一样体谅别人、好好说话，也会像妈妈一样坦然接受意见。孩子会在耳濡目染中形成悦纳他人、乐于接受意见的人格魅力。

案例追踪

小威只要一被家长批评，就狡辩或吵着说家长很烦，连在学校被老师批评，也对老师有意见。

我们根据对小威的调查，一起找到了问题症结。父母决定与小威共同成长，从改变自身做起。他们约定，不是原则性的错误，不批评。批评时，不指责、不埋怨，让小威感受到父母帮助他的善意。

先询问，对事不对人

有一次，小威烧水时，不小心将茶几上的鲜奶瓶打碎了，小威战战兢兢地等着被呵斥，但爸爸平静地问：“小威，发生了什么事情？是怎么回事？”

小威发现爸爸没有骂他，他把事情的经过告诉了爸爸。

爸爸问：“如果让你再做一次，你会注意什么？怎么样才能更好地避免发生这样的事情？”

小威很认真地把自己的想法告诉了爸爸。

爸爸愉快地说：“孩子，你真会想办法！”还温和地提醒他：“下次要注意安全。”并引导孩子如何小心打扫，不留下碎玻璃渣，让孩子为自己的行为负责任。

家长用解决问题的方式代替了批评，小威也慢慢不抵触父母的批评了，顶嘴也少了。小威父母也注意及时发现小威的细微进步，并进行具体得当的表扬，帮助小威更清楚地认识自己的优点与进步。小威的家庭也越来越和谐了。

孩子不接受批评，怎么办？

扫码获取音频，阅读更轻松

4. 孩子不愿意独自睡觉，怎么办?

家长困惑

“老师，我女儿已经8岁了，叫她自己一个人睡，她总是说怕黑，不敢一个人睡，我该怎么办？”

“老师，我小孩总是三更半夜哭着跑回我们的房间，叫他回自己的房间里睡觉，他总不肯，我该怎么办？”

“我女儿习惯了跟我们一起睡，让她自己一个人睡，她总是说睡不着。老师，我该怎么办？”

……

孩子不愿意独自睡觉，怎么办？为此，我们综合多个案例，做了详细分析。

查找原因

（1）孩子因素

①依恋心理。孩子从小在父母的呵护中长大，而且一直与父母同床睡觉，在他们的心里隐藏着一种“恋母情结”。虽然已经上小学了，但在他们的潜意识里，对爸爸妈妈还有着深深的依恋，这是由小孩的生理和心理特征所决定的。

②孤独心理。因为孩子从小都是在爸爸妈妈陪伴下长大的，陪着睡觉，

陪着玩耍，可能也养成了睡前聊天、听讲故事等一些习惯。忽然间让孩子独自一人睡，他们立马就会觉得自己被抛弃了，慢慢就会产生一种孤独感。

③恐惧心理。在夜晚，孩子常会害怕黑暗，担心动画片里的妖魔鬼怪或社会上的坏人在自己睡觉的时候突然出现，他们因过度紧张或害怕而频频做噩梦，这些都会给孩子带来强烈的恐惧感和不安，使他不愿意一个人睡。

（2）父母因素

有些家长怕孩子独自睡觉，亲子之间的感情就没那么亲密了，孩子再也不依恋自己了。家长的这些焦虑情绪往往会感染孩子，让孩子不愿意独自睡觉。还有一个因素是父母对孩子不放心，总担忧分房睡后孩子会被蚊虫叮咬、蹬被子受凉、摔下床等，一个晚上总是几次起来去关注孩子。其实，这样过于频繁的走动往往会影响孩子的情绪，让本来独立能力就不强的孩子哭喊着重新和父母一起睡。父母一心软，便顺应了孩子的要求。有了第一次的顺从，便会有第二次、第三次……这样，孩子独自睡觉的事就泡汤了。

解决策略

（1）布置孩子喜欢的房间

父母首先要给孩子布置一个他喜欢而又温馨的房间，可以给孩子买他喜欢的床单，在天花板贴星星月亮，挂一些孩子喜欢的图画，让孩子对自己的房间有新鲜感和归属感；也可以在房间里装一盏柔和的小夜灯，降低孩子的害怕程度；还可以在孩子的床头上摆一些陪他睡觉的“伙伴”，如玩具、书籍，减轻孩子的孤独感。

（2）做好孩子的心理暗示

家长打算跟孩子分房睡，应至少提前半年给孩子做一些心理暗示。可以让孩子看些有助于克服黑暗恐惧的书籍或电影，让孩子从故事或电影中学习勇敢地面对生活，对自己有信心；家长还可以带孩子到能独立睡觉的小孩家串门，给他创造一个正面的引导，当着孩子的面，询问别人的孩子跟谁睡，并用语言赞赏："你真勇敢独立，可以一个人睡一个房间。"

平时，家长也多采用鼓励的口吻对孩子说："你也是一个勇敢独立的孩子，我知道你也能自己睡。""我知道你喜欢跟爸爸妈妈一起睡，可你不是一个小宝宝了，该自己睡觉了，我知道你是最勇敢的。"通过这样积极的心理暗示来增强孩子的自信心和独立性。如果孩子流露出他的恐惧，可以这样开导："妈妈小时候也害怕过，后来就不害怕了。"让孩子懂得，不是只有他一个人会害怕，而且恐惧是可以消除的。

（3）循序渐进，培养独立性

培养孩子独自睡觉的习惯，对父母来说，实在是不小的挑战，同时这也是个互相适应的过程。孩子的独立性不是天生的，也不是一蹴而就的，需要家长有意识地培养。

①用"笑脸表"鼓励独睡。我们可以采用"二十一天笑脸表"的方法来培养孩子独自睡觉这一习惯。（向孩子展示"二十一天笑脸表"）我们可以跟孩子说："跟你玩一个游戏，如果你晚上能一个人睡在自己房间里，就可以给表上的一个笑脸涂上颜色，还可以得到一份奖励。"对孩子有效的奖励方式有无形的奖励和有形的奖励两种。无形的奖励，如赞赏：你真了不起，能自己睡；你真勇敢；我为你感到骄傲……赞赏时还可以伴有拥抱等表达关爱的动作。有形的奖励，如礼物、证书和特别权，特别权可以写"周末陪你去看一场电影"，等等。在合适的时间，给孩子适当的鼓励和赞赏，这样能增强孩子独睡的勇气和信心。

②睡前陪伴，把门打开。心理学家一直推荐用有正面影响的睡前故事作为鼓励儿童面对恐惧、养成积极心态并应对多种成长问题的一种办法。因此，刚开始与孩子分房睡时，家长应在孩子房间里给孩子讲睡前故事。同时，睡前是孩子"依恋父母"最容易发作的时候，父母还可以跟孩子一起聊聊天、听听音乐，这样做既可以安抚孩子独自入睡的恐惧情绪，又能给孩子安全感。等孩子入睡之后，家长再离开。父母和孩子的房门都要打开，让孩子感觉自己没有

二十一天笑脸表

执行人：		监督人：		时间：__月__日至__月__日			
第一阶段：1—7改变期							
天数	1	2	3	4	5	6	7
日期							
笑脸	☺	☺	☺	☺	☺	☺	☺
奖励	你真棒！	你真了不起！					
第二阶段：8—14培养期							
天数	8	9	10	11	12	13	14
日期							
笑脸	☺	☺	☺	☺	☺	☺	☺
奖励							
第三阶段：15—21独立期							
天数	15	16	17	18	19	20	21
日期							
笑脸	☺	☺	☺	☺	☺	☺	☺
奖励							

被隔离，心里有所依靠，他们才不会感到孤独和恐惧。

③坚持原则，不要放弃 。当孩子刚开始与父母分房睡时，往往会想方设法说出一些不和父母分房睡的理由。有些孩子答应爸爸妈妈可以独自睡觉，可半夜却哭着或偷偷地跑回爸爸妈妈的床上，不愿意再回自己的房间里。这时候，家长不要大声呵斥孩子，这样会令孩子感到紧张和害怕，但要态度坚定地拒绝，不能因孩子哭闹而心软，就让孩子继续和自己一起睡。其实孩子是很聪明的，哭闹只是他们在试探家长的底线，如果家长轻易妥协，只会让分房睡这件事情越来越困难。所以建议家长千万不要心软，哪怕再辛苦再麻烦，也要坚持把孩子送回他自己的房间里，鼓励并陪伴孩子重新入睡。因为当孩子认识到自己的“诡计”无用时，也就只能乖乖地去睡了，慢慢地就习惯了。

但要注意的是，遇到下列情况，可以暂缓分房睡：如果孩子情绪比较低落，受到惊吓或感到委屈时，此时若家长还坚持分房睡会让孩子更难过；若孩子生病不舒服，需要家长陪伴，也可以适当接纳孩子和自己一起睡。

案例追踪

小丽是一个比较柔弱、胆小的8岁女孩。她的爸爸妈妈认为她已经长大了，想培养她的独立能力，让她自己睡觉。可小丽总是说出各种各样不愿意自己睡觉的理由："我害怕妖魔鬼怪""我怕黑，我不敢自己睡"……这让父母很苦恼，不知道该怎么办，于是向我们求助。回家之后，他们按照我们给的建议这样做：

布置房间，语言鼓励

小丽的父母给小丽的房间重新贴了她喜欢的Hello Kitty图案的墙纸，还和她一起去商场购买了她喜欢的Hello Kitty图案的床单、布娃娃和书籍。

房间重新布置好后，妈妈和蔼可亲地对小丽说："小丽，有了你喜欢的房间，我相信你能自己一个人睡。"

在一旁的爸爸，用手拍了拍小丽的肩膀："我知道你是最勇敢的，能自己一个人睡，爸妈都相信你！"

小丽看着自己喜欢的Hello Kitty房间，微微一笑并点点头："我可以自己睡觉。"

坚持原则，用"二十一天笑脸表"鼓励

坚持不到两天，小丽就哭着对爸爸妈妈说："没有爸爸妈妈在我身边，我睡不着。我不要自己一个人睡，我要继续跟你们睡。"

小丽的父母没有因小丽哭而心软，也没有大声地训斥她，而是拿出"二十一天笑脸表"，心平气和地对小丽说："我们跟你玩一个游戏，

如果你晚上能一个人睡在自己房间里，就可以给表上的一个笑脸涂上颜色，还可以得到一份奖励。”

小丽小声地问：“有什么奖励？”

爸爸神秘地回答道：“每一天的奖励都不同，就看你的表现了。”

小丽走到爸爸的身边，与爸爸击掌：“一言为定。”

爸爸为了消除小丽独自入睡的恐惧情绪，给她建立安全感，主动提出：“我们一起到你的房间听听音乐，看看书吧！”

小丽在看书的过程中，不知不觉地睡着了，爸爸悄悄地走回自己的房间里。

第二天醒来，爸爸在“二十一天笑脸表”上给一个笑脸涂上了颜色，并问小丽：“昨晚是玩游戏的第一天，你能自己一个人睡，你真了不起。你想爸爸奖励你什么呢？”

小丽羞答答地说：“我想你们周末陪我去看一场电影。”

爸爸爽快地答应了：“好，我们周末就去看电影。”

在“二十一天笑脸表”的强化训练中，小丽独自睡觉的勇气和信心慢慢地增强了。

两个月过去了，小丽可以独自睡觉了。

孩子不愿意独自睡觉，怎么办？

扫码获取音频，阅读更轻松

5. 孩子怕鬼，怎么办?

家长困惑

“儿子总是说怕黑怕鬼，让我们陪他睡。老师，怎么办呢？”

“孩子12岁了，老是说怕有鬼，不敢一个人在家。老师给我支支招，好吗？”

“晚上，孩子自己上个厕所都怕，说害怕有鬼。老师，怎么办？”

……

孩子怕鬼，怎么办？为此，我们综合多个案例，做了详细分析。

查找原因

（1）家长“恐吓”教育的后遗症

在我国的文化里，鬼怪是具有神秘、恐怖色彩的。因此，不少父母为了让小孩听话，往往喜欢拿鬼怪来吓唬小孩子。于是，这样的不良传统代代相传，使得孩子闻“鬼”色变。

（2）观看有关鬼怪的影视作品

小孩子的好奇心强，尤其是10岁后，孩子的猎奇心理特别强烈，对神秘的鬼怪事情抱有强烈的探索欲，喜欢探讨有关鬼怪的文学、影视作品。由于孩子年龄小，代入感强，在观看这些作品时，容易把自己也置身作品中，把虚拟的鬼怪当真，因此提心吊胆、恐惧不已。孩子们还喜欢借鬼怪来相互捉弄逗乐，自我暗示性强的孩子就容易产生心理阴影。

（3）经历过一些真实的恐怖场景

在日常生活中，有些孩子亲眼看见或者遇到过一些真实的恐怖场景，特别是与死亡有关的场景，比如车祸现场、葬礼等。这种场景对心理的冲击力强，极易引发孩子的不安情绪。如果父母不及时引导，孩子就会反复回想恐怖的场面，越想越怕，恐惧感越来越强。

（4）天生性格内向胆小

受遗传因素的影响，每个孩子都会有自己的性格特点，也有些小孩特别内向、胆小，容易怕鬼、怕黑。

解决策略

（1）找到孩子内心恐惧的根源

怕鬼是一种恐惧心理。要解除这种恐惧心理，找到恐惧的根源，还原真相很重要。父母可以在孩子相对放松的状态下，跟孩子谈谈鬼怪的问题。比如在孩子运动过后，尝试跟孩子探讨他所怕的“鬼”是怎么回事，了解清楚孩子一开始怕鬼是因为什么事，尽可能具体到时间、地点等，厘清事情的来龙去脉。假如孩子是因为看恐怖片而怕鬼的，家长可以跟孩子认真地去探讨这个影片，找一些相关的拍摄花絮，帮助孩子了解影片拍摄制作的过程，了解影片中鬼怪是怎么“做”出来的，从而解开孩子心中的谜团。

另外，与孩子聊天时，父母一定要注意：不能随便否定孩子的恐惧情绪，不要脱口而出“你真是胆小，这有什么可怕”之类的话语。因为孩子比较小，生活阅历少，面对一些无知的事物，心存畏惧是正常的。而当一个人的情绪得到理解、接纳时，双方的交流才会有效。

（2）对孩子进行科学教育

怕鬼是因为孩子对有些事物不了解、不确定，因此提高孩子对事物的认知能力，扩大认知视野，是很有必要的。作为父母，我们有必要对孩子进行有理有据、生动形象的科学教育。目前电视台有不少这类科普节目，如江西卫视《经典传奇》栏目就有不少内容是解密“鬼怪”真相的，这些视频都是逻辑严谨、生动形象的好教材，父母可以搜索合适的内容，跟孩子一起看，一起探讨。

（3）教给孩子调整情绪的方法

经过沟通交流，孩子的恐惧心理得到理解和接纳，怕鬼的程度会有所减轻，但不会一下子消失。因为情绪经过长时间积累，已成为自然反应。要想进一步改善孩子怕鬼的心理，还需教给孩子一些调控情绪的“绝招”。

调控情绪，简单、高效的方法就是深呼吸法和肌肉绷紧放松法。人通过深呼吸，能在短时间内吸入大量的氧气，加快血液循环，从而使精力集中，情绪安定，可帮助个体以轻松情绪代替恐惧不安的情绪。要使呼吸高效，要做好三个环节，第一是吸气，第二是憋气，第三是呼气。呼气的时间尽量长些，而且要让深呼吸变成一种行为习惯，每天练习。这样，在紧张害怕时，用深呼吸就能帮助缓解这种情绪。

肌肉绷紧放松，是高效调控情绪的重要手段，被心理医生广泛应用于治疗心理疾病，简化成六秒放松法，效果也不错。其操作步骤：双手握拳，尽量用力握紧，然后闭紧嘴巴，做咬牙切齿状，闭眼睛皱眉头，在心里默数6秒，然后突然放松。

运动也是一种很好的方法。运动的过程可以使大脑产生相当多让人轻松愉悦的内啡肽，从而帮助个体消除恐惧不安的情绪。

（4）系统训练提高孩子的胆量

针对天生性格内向胆小的孩子，父母需要有计划、有步骤地训练孩子的胆量。比如孩子到分床睡觉的年龄时，不敢独自睡觉，以怕黑怕鬼为理由，要求跟父母一起睡。这时，父母要理解孩子的心理特点，做一个系统的调整计划：第一步，表示理解孩子怕黑怕鬼的心情，愿意和孩子一起面对这个困境，同时跟孩子说明独自睡觉是其长大成人必须经历的过程。和孩子约定，父母可以陪睡若干天，以后孩子就应独自睡觉。第二步，父母轮流到孩子的房间陪睡一段时间。这一步要特别注意的是，一定要到孩子的房间或床上去陪睡，绝不能在父母的床上睡。第三步，睡前陪着孩子，并提前跟孩子说明等孩子熟睡后，自己会离开，但房间的小灯会一直开着，有事也可以随时找父母。这个阶段需要持续一段时间。第四步，睡前跟孩子一起看（听）一些英雄人物的故事，然后开着小灯，让孩子独自睡，父母则守在房门外，看着孩子睡。这样一步一步地帮助孩子减弱害怕心理，提高其胆量。当然，还可以找机会带孩子去参加一些拓展训练，锤炼孩子的意志与胆量。

案例追踪

小文11岁，是一名五年级的男生，性格文静内向，学习成绩优秀，深得老师喜爱。但他最近老是说怕鬼，不敢独自睡觉，要父母陪睡。父母感到很无奈，特来寻求帮助。他们按照我们给出的建议这样做：

先接受孩子的感受，与孩子一起找原因

爸爸关切地问："文文，你最近怎么了？"

小文皱着眉头说："我怕鬼！"

爸爸摸了摸小文的头，让他坐了下来："哦，什么时候开始有怕鬼的感觉？"

小文想了一会儿答道："这几天班上流行看鬼怪小说、恐怖影片，而且同学们喜欢讨论这些鬼怪的话题，我听得多了，心里也不知不觉害怕起来了！"

爸爸点头说："原来是这样，有这种感觉很正常，我们约个时间一起看看这些鬼怪是怎么回事，好不好？"

小文说："好的！"

陪伴孩子，与孩子一起探讨

父母知道孩子的实情后，在白天跟孩子一起看了相关的鬼怪影片制作过程，之后与孩子一起交流探讨这部影片的拍摄花絮。晚上睡觉时，父母会在房门外看着孩子睡着。两周后，父母的守候慢慢减少，小文再也没说怕鬼了。

孩子怕鬼，怎么办？

扫码获取音频，阅读更轻松

6. 孩子上小学了还咬手指，怎么办？

家长困惑

“孩子已经读小学了，为什么总喜欢咬手指？是身体出现了什么问题吗？”

“孩子看电视时总是情不自禁地咬起手指来，说了他很多次这样很不卫生，但过后还是那样，有什么好办法可以纠正这一行为？”

“孩子写作业时总是不由自主地咬手指，这是为什么呢？批评教育过了还是这样，该如何是好？”

……

孩子上小学了还咬手指，怎么办？为此，我们综合多个案例，做了详细分析。

查找原因

（1）生理因素

生理因素一般可分为两种：孩子体内缺乏锌、钙等微量元素，或者可能有蛲虫。微量元素的缺乏有可能导致异食癖，孩子会喜欢咬手指，或者其他东西。同样，孩子体内如果有蛲虫会引起身体不适，影响身体健康，孩子长期受到疾病的困扰，会产生不安焦虑的情绪，不经意地产生了咬手指的行为。

（2）咬手指没有得到及时纠正，发展成习惯

根据调查数据显示，大多数人在婴儿时都会咬手指，长牙期更甚。一般情况下，幼儿到了两三岁，咬手指的现象会慢慢减少，但如果随着孩子年龄的增长还继续咬手指，而父母又不及时加以科学的纠正，就会发展成习惯。

（3）心理因素

咬手指这种行为只是一个表面现象，深究原因其实是孩子不良情绪的躯体化表现。孩子压抑、焦虑、被强制、逆反、面临压力等，可能也会引起不自主地咬手指。这种不良心理的产生可能是因为家庭不和，父母经常吵架，孩子缺乏安全感；也可能是父母双方工作忙碌无暇顾及孩子，孩子缺少关注和爱抚；也可能是孩子无法适应新环境，从而产生恐慌和焦虑，特别是初入小学的儿童比较容易出现这种现象；也有可能是孩子遇到生活上难以解决的事或面临学习压力没有得到适当的排解而产生压抑焦虑的情绪；还有可能是父母对孩子管控过于严苛，致使孩子体内积压了很多不良情绪，憋在体内，潜意识通过咬手指的方式发泄，来自我排解、转移注意力。

解决策略

（1）排除生理原因，检查微量元素

家长怀疑孩子咬手指是由于生理原因引起的，可以到正规的医院进行微量元素检查或寄生虫检查，如果确认是生理因素引起的，应该听从医生的建议进行相应的治疗或补充相应的微量元素。另外，还需要注意孩子的卫生问题，教育孩子讲卫生，特别是注重个人卫生和饮食卫生；另外要注意均衡饮食，通过合理膳食补充微量元素，多吃不同类型的蔬菜，避免身体缺乏营养。

（2）正面教育，培养好习惯

①温和耐心地教导。当孩子咬手指时，有些父母会严厉地训诫甚至打骂，这反而会让孩子不自觉地强化了这种行为。我们应该停止这些伤害孩子的

言行，温柔而又耐心地告诉孩子咬手指的危害。例如：手指上有大量的病菌，咬手指会把病菌带到身体内引起不适，甚至长蛔虫；还会导致手指畸形、脱皮等。如果是低年级的孩子，父母可以借助图片、绘本故事、童话故事等来告诉孩子咬手指的危害，并鼓励孩子把这些故事讲给家人或其他人听。这里给家长推荐一些帮助孩子改掉咬手指的坏习惯的绘本：《大拇指，真好吃》《我不再吃手了》《露露再也不想吸大拇指了》《细菌不是用来分享的》。此外还要告诉孩子应该把手从嘴里拿出来，洗干净。如果孩子很快就做好了，应该给他一个拥抱、微笑或口头表扬。

②用好习惯代替坏习惯。家长还可以制定一份表格《好习惯我能行》，贴在家中显眼的地方，让孩子明确其中的意义，如果当天能保持手部干净，没有咬手指就可以盖上一朵小红花。同时要和老师进行沟通了解孩子在学校的情况。连续一个星期都没有咬手指，孩子就可实现一个小心愿，连续四个星期就可以实现一个大心愿。

另外，家长要和孩子提前商定愿望，愿望的约定要合理健康，如组织一次家庭聚会，邀请同学到家做客，买小礼物、课外书等，但不建议用玩手机、玩电脑等作为愿望。

此外，家长还应培养孩子良好的卫生习惯，如：勤洗手、勤剪指甲等，这样可以避免孩子因指甲长了而咬手指。

③注意力转移法。在孩子咬手指或出现容易使孩子咬手指的诱因时，想办法让他的手去做别的动作或事情，或用其他有趣的事情吸引他，由此转移他的注意力。如：翻花绳就是一种比较有效的方法，用一圈皮筋或线缠在手上，两个人挑来挑去；还有捏压力球，当孩子想去咬手指时就让他去捏压力球。平时还应培养孩子各种兴趣爱好，例如：绘画、唱歌、跳舞、书法等；引导孩子参加各种活动；还应鼓励孩子广交朋友，因为孩子在寂寞无聊时最容易咬手指。

（3）关注情绪，关爱孩子

孩子咬手指的行为是一个重要的提醒信号。它提醒父母，孩子可能有一些父母忽略了的不良情绪。这时父母应该关注孩子的情绪状态。首先要找到孩子情绪焦虑的原因，然后有针对性地帮助孩子消除内心的不良情绪。如果是缺乏家庭温暖和父母关爱的，父母应该为孩子营造一个温馨、舒适、和睦的环境，平时多陪伴孩子，加强亲子沟通。如果是父母管教过于严苛专制的，父母应给孩子一个相对宽松的成长环境，平时多倾听孩子的意见，尊重和支持孩子合理的选择；如果是学习压力太大的，父母应耐心温和地帮助孩子解决学习的困难，给予孩子更多的欣赏和夸奖；如果是孩子暂时未能适应小学生活的，家长要有静待花开的心态，鼓励孩子多与同学交往，并加强与班主任的沟通，取得班主任的帮助和鼓励。此外，父母还要示范和鼓励孩子用合适的方式来释放情绪，如与父母诉说，跑步、跳绳、做深呼吸训练等方式，把不良情绪宣泄出来。

如果孩子咬手指的情况太严重，甚至影响了正常生活，家长竭尽全力也无法纠正，建议寻求专业的心理咨询师或心理医生的帮助。

案例追踪

军军是一个一年级单亲家庭的小男孩，6岁时就跟着妈妈生活。妈妈一边工作，一边独自照顾军军。军军读幼儿园时就有咬手指的行为，上了小学情况变得更严重，指甲被咬得光秃秃的，只剩正常的一半大小。我们去了解了情况，由于军军上一年级学习跟不上，做作业拖拉，妈妈感到很焦虑，忍不住责骂孩子。于是，军军产生了过度焦虑的情绪，通过咬手指的方式自我排解，特别是写作业和无聊的时候总是情不自禁地咬起手指来，不知不觉就形成了习惯。妈妈见到军军咬手指的行为感到非常生气并严厉训斥，不经意地把脾气发泄到孩子的身上，导致军军咬手指的行为越来越严重。我们给军军妈妈提供了一些建议。家长按照我们的建议进行了实践。

控制情绪，正面教育

一天，军军在家里看电视，看着看着就不由自主地又咬起手指来。妈妈看见了本来想发火，但静下心来，知道这是一个教育孩子的契机。于是，妈妈调整好自己的情绪后，走到孩子的身边坐下，慢慢地把军军的手从嘴里移开，并温和地对军军说："军军，今天妈妈有件事情要跟你聊，我们先关一下电视好吗？"军军也意识到自己咬手指的行为不对，只好答应妈妈。妈妈拉着军军的手说："妈妈一会和你一起看一个有趣的绘本故事好吗？"军军点点头。妈妈拿出了一本绘本《咬指甲的秘密》，说："这个绘本故事可有趣了，智媛有一个淘气又小心眼的弟弟——炳宽，他总是和姐姐对着干，但是后来姐弟俩先后都出现了咬手指的坏习惯，你想知道为什么吗？后来又是怎样改掉坏习惯的呢？下面让我们一起走进这个有趣的绘本来找找答案……"

军军读完绘本后，耳根红红的。妈妈问："军军，你认为智媛和炳宽咬手指对吗？""不对。""为什么不对呢？"军军不好意思地说："咬手指是不对的。因为这样会把细菌带到身体内，还把手指咬得很不好看。"妈妈抚摸着孩子的头说："孩子，妈妈知道你也很希望改掉咬手指这个毛病，妈妈也会努力帮助你的，相信你一定能行！"军军望着妈妈，心里充满了感激，非常坚定地说："妈妈，请您相信我，我一定会努力地改掉这个坏习惯的。"说完紧紧地抱住妈妈。

妈妈闲暇时还教军军玩翻花绳，带军军参加一些体育锻炼和亲子活动，在学习上妈妈也经常肯定和鼓励军军，军军充分地感受到妈妈的爱，慢慢消除内心的不良情绪，咬手指的行为逐渐减少。经过一段时间的努力，军军再也不咬手指了。

孩子上小学还咬手指，怎么办？

扫码获取音频，阅读更轻松

7. 孩子看到喜欢的东西不买就哭闹，怎么办?

家长困惑

“老师，我儿子一看到喜欢的玩具就要买，不给他买，他就在商场那里大声地哭，这让我很苦恼。老师，我该怎么办？”

“老师，我小孩看到班上的同学有漂亮的学习用具，总嚷着要给她买，不买吧，她就会闹情绪发脾气。我该怎么办？”

“老师，我儿子每次看到喜欢的模具车，就吵着要给他买，他爸爸每次都会妥协给他买。但我觉得这不是办法啊，老师，我该怎么办？”

……

孩子看到喜欢的东西不买就哭闹，怎么办？为此，我们综合多个案例，做了详细分析。

查找原因

（1）从众心理

由于儿童心理机制尚未成熟，比较容易产生从众心理。大多数孩子买东西时，倾向于选择别的小朋友都选择的东西。如有的孩子看到班上的很多同学有一支佩奇图案的圆珠笔，可是他没有，为了满足自己的欲望，他会产生一种“别人有的，我也要有”的想法。

（2）好奇心理

孩子第一次见到新鲜的东西，好奇心会促使他们想把它据为己有，这种好奇心会给孩子一个错觉，就是这个玩具只有这里才有，去别的地方就买不到了。这时，有些任性的孩子就会通过哭闹或耍赖来达到目的。

（3）希望被关注

孩子从懂事起去逛商场，看到的都是“家长想买什么东西就买什么”，但“为什么我想买的，爸妈却不肯给我买”。在孩子心里，这是极大的不平等，他们用哭闹的方式来证明自己在家长心目中的地位，希望家长更多地尊重和关注他们。

（4）曾获得成功

有些家长看到孩子哭闹，碍于面子或心疼孩子，只好妥协给他们买，小孩就会产生“哭就可以得到”的错误认知。于是再次遇到自己喜欢的东西想买时，就会“故技重演”，用哭闹的方式来达到自己的目的。渐渐地，形成了一种坏习惯——不买就哭闹。

解决策略

（1）ABC原则

A指事前计划，做好约定。逛街前，要求孩子罗列购物清单，如果孩子罗列的东西比较多，家长不能凭大人的想法将自己的意愿强加给孩子，“你能买什么，不能买什么”，而应该跟孩子讨论“什么东西是必须买的，什么东西是暂时没必要买的”等问题。同时，爸爸妈妈也要明确地告诉孩子爸爸要买什么，妈妈要买什么，孩子要买什么。除此之外，什么都不能买了。大家做好约定并拉勾表示承诺再出门。只有经过尊重平等而民主的商讨，孩子才会更好地遵守约定。

B指事中提醒，坚持规则。到了商场，当孩子遇到自己想买的东西时，他可能忘记了与家长的约定，闹着要买。这时，家长就要提醒孩子之前拟好的购物清单。有些讲道理的孩子，盯着想要的东西，尽管满脸渴望，但还是会同意："那就下次再买吧。"

可有些孩子在提醒之后，还会在商场里哭闹或耍赖，不断地尝试触碰家长的底线，这时是家长建立威信、"说话算数"的最好时机。不管孩子说出多少个要买的理由，只要不在约定的范围内，就要坚持约定，一定不能答应。如果有了第一次的妥协，就会有第二次、第三次……这样不利于培养孩子的规则意识，家长也会逐渐失去威信。

那遇到孩子哭闹，家长应该怎么做呢？

首先，应接纳情绪。孩子买不到自己想要的东西，他们最直接的表达方式就是哭闹。这时，家长不能大声地训斥或数落孩子，而应该接纳孩子的不良情绪，温柔地对孩子说："我知道你想买这件衣服，但出门前我们已经说好了，不能买计划外的东西。你买不到这件衣服，心情肯定不好，你想哭就哭吧。"家长还可以建议孩子换个不会影响他人的地方哭，并在旁边陪伴孩子，让孩子慢慢地冷静下来。

其次，让孩子说出感受。等孩子"消气"后，家长再与孩子交流"你想用哭来让妈妈给你买东西吗？""你买这件衣服的理由是什么？"等问题，鼓励孩子说出自己的感受，让他们明白"表达比哭闹更重要"。家长也能通过这个时候的情感交流了解孩子的需求点。

最后，提供选择。当家长找到孩子的"需求点"后，可以给孩子提供几个选择："这件衣服是不会买的，现在要不回家，要不继续逛商场，你想去哪里？""你可以买这件衣服，但你出门前罗列的玩具就不可以买了。"让孩子琢磨下哪个选择更适合自己，让孩子学会取舍，而不是一味地从家长这里索取。

C指事后总结，深化意识。回到家里，家长要和孩子做事后总结，如果孩子能遵守约定，我们可以对孩子说："今天你很想买那件衣服，但还是忍住了，你真是一个遵守约定的好孩子。现在，我们来讨论讨论，你今天想买的那件衣服真的有必要买吗？要不要下次去的时候再买呢？”这样子，孩子就会觉得爸爸妈妈还是爱他的，重视他的。这样，孩子才会更体谅父母，才能更好地培养孩子的规则意识。

如果小孩在商场哭闹，回到家后，家长就跟孩子讨论“今天哭闹的原因是什么”“要用什么样的办法来解决这个问题”等等，让孩子明白：之前的约定，我们必须要执行，爸爸妈妈不会因为他的哭闹或耍赖而做任何的妥协。只有这样，孩子才可以慢慢地建立规则意识。

（2）制订购买计划

除了ABC原则，还可以制订合理的购买计划。如果孩子看到喜欢的东西就毫无节制地想买，家长可以与孩子商讨每个月有多少钱作为“自由资金”，让孩子学着制订购买计划，让他们有意识地控制自己的购买欲望。渐渐地，他们既学会了理财，也养成了不乱买东西的好习惯。

在这里要提醒各位家长，如果孩子想要买的玩具超过这个月的“自由资金”，家长千万不要“破格”为孩子补钱，而应该鼓励孩子存钱来买。家长可以允许孩子通过参加家务劳动或用学习生活中好的表现等来获得资金。

只有给孩子制订好规则，才会更好地培养孩子不乱花钱、不乱买东西的好习惯，也避免了出现孩子“哭闹”的现象。

案例追踪

小敏是一个7岁的小女孩，每次出去逛街时，看到喜欢的东西她总是嚷着要买，如果不给她买，她就会在商场哭闹。家长有时碍于情面，就会妥协给她买，有时会大声训斥她一顿，直接把她抱走。但家长发现这两种方法并没有从根本上解决问题，对于小敏的行为家长都不知道该怎么办。他们前来咨询，根据我们提供的方法，回家是这样做的：

事前计划，做好约定

“从今天开始，每次去逛商场，我们都要列出购物清单。明天是周末，我带你去逛商场，你看看需要买些什么，把它写下来。”妈妈对小敏说道。

小敏对妈妈点点头：“好的，我马上就去写。”

第二天出门前，妈妈看了看小敏罗列的清单，对她说：“我们只能买清单上的东西，其他的就不能买了，知道了吗?

小敏爽快地点了点头。

事中提醒，坚持规则

在逛商场的过程中，小敏看到了她喜欢的布娃娃，可不在购买清单上，就嚷着妈妈给她买，妈妈提醒小敏：“我们出门前不是说好了吗?只能买清单上的东西，不能买别的东西。”

小敏听到妈妈不给她买，于是哭了起来。

接纳情绪，说出感受，提供选择

妈妈看到孩子哭了，并没有大声地训斥和数落她，而是心平气和地对小敏说：“我知道你买不到这个布娃娃心情不好，你想哭就哭吧，那边人比较少，我们去那边哭，好吗?”

小敏听到妈妈这么说，停止了哭泣。等小敏的心情平复之后，妈妈问小敏：“你想用哭来让妈妈给你买布娃娃吗?你为什么要买这个布娃娃呢?”

小敏又带着哭腔说道：“这个布娃娃现在很流行的，很多同学已经买了……”

妈妈：“如果你真的想买这个布娃娃，那你罗列的东西就不能买了，你自己选择吧。”

小敏思量了片刻："我还是买我之前罗列的东西好了，这个布娃娃不买了。"

事后总结，制订购买计划

回到家后，妈妈对小敏说："妈妈知道你很想买那个布娃娃，但你能根据自己的需要做出选择，妈妈要表扬你。"

可小敏还是很失落。

妈妈接着说："从这个月开始，我每个月给你50元作为'自由资金'，你可以自由支配，但你一定要制订合理的购买计划。这方法可行吗？"

小敏马上展开了笑脸，回答道："可行。"

经过一段时间的培养和引导，小敏不仅能制订合理的购买计划，还养成了不乱买东西的好习惯。

孩子看到喜欢的东西不买就哭闹，怎么办？

扫码获取音频，阅读更轻松

8. 孩子看见别人有的东西也想要，怎么办？

家长困惑

“老师，我家孩子看见同学有电话手表，也嚷着要一个，可是我觉得她根本用不到呀，怎么办？”

“这家伙，明明这笔中看不中用，却非要让我买。老师，我家孩子一看见什么新花样，就闹着要买，怎么办？”

“老师，我家孩子竟嫌弃家里的车旧，吵着让我们换车，真是越来越过分，怎么办？”

……

孩子看见别人有的东西也想要，怎么办？为此，我们综合多个案例，做了详细分析。

查找原因

（1）孩子的好奇心驱使

孩子对任何新奇的、特别的，或者是别人有而自己没有的东西都充满了好奇心和占有欲。在好奇心和占有欲的驱使下，孩子便会产生“别人有，我也想要”的欲望。

（2）父母不懂管理孩子的欲望

有些父母担心一旦满足了孩子，孩子就会变得越来越贪心，今后更加不可控制，于是当孩子提出需要时，他们便一口拒绝。作为孩子，自己的要求经常得不到满足，那么想要的欲望就会越发强烈！

有些父母不想委屈自己的孩子，不想让孩子吃以前他们吃过的苦，当孩子提出需要时，他们都会一一满足。甚至有的父母看见别人家的孩子有，也不想让自家的孩子落后于人，不想让自家孩子被看不起，于是，只要孩子提出需要，这些父母便会一味地满足。所以，在孩子的观念里留下了这样的印象：只要是自己喜欢的，父母就会满足自己。这是父母长期以来“有求必应”造成的。

（3）同伴影响

小学生阅历较浅，判断是非的能力相对较弱，来自伙伴间的吹嘘和炫耀，比如：听到小伙伴说去吃自助餐，看到小伙伴用一种新款可擦笔，穿着一双特别酷的跑鞋等等，都会让他们产生“跟风”的想法。

解决策略

（1）增强孩子合理需要的意识

当孩子提出自己的需要时，家长首先要认可孩子的好奇心理，接纳他的情绪；接着给孩子解释什么是合理的需求——孩子真心喜欢且有一定的价值，在家长支付能力范围内的要求。家长应帮助孩子分析这种需要的必要性，慢慢引导孩子往正确的方向去想问题看事情，还可以给孩子买一些与之相关的具有教育意义的书或者讲有关的故事，如《贝贝熊系列丛书——见啥要啥》《钱小乐理财记——花钱有学问》《正确的金钱观》等书籍，引导孩子形成正确的价值观，进而使孩子远离虚荣心。

（2）把握满足孩子需要的度

父母要把握满足孩子需要的度，做到既不骄纵也不过于严厉。首先，父母可以耐心地向孩子了解“要”背后的原因，注意，此时父母说话的态度要诚恳、平和，在孩子说明原因的整个过程中要做到仔细聆听，切忌中途打断。如果孩子提出的需要是合理的，父母应给予适当的满足。比如孩子看到同学买了一个新书包，也想要一个，而此时他的旧书包也确实需要更换了，在可以接受的价格范围内，应适当满足。

但如果孩子提出的是不合理的需求，父母就不能骄纵了。例如，孩子看见同学有一个拉杆的造型可爱的书包，他也想要一个跟别人一样的书包，可他的书包也才刚用不久。像这种情况，就算这个东西在父母的支付能力范围内，都先不要买给他，应采用延迟满足的策略。父母应告诉孩子这东西需要多少钱（让孩子记下该物品的价格），父母要工作、加班多少天才能买到。在这个过程中孩子需要等待，需要帮父母做力所能及的事来减轻父母的负担，比如拖地、洗车子等，从而让孩子在得到一定的满足感时，也能体验到父母平常做家务的艰辛，明白欲望的满足是需要付出劳动代价的。

（3）正确引导孩子和同伴相处

近朱者赤，近墨者黑，父母平常可多让孩子跟懂事的小伙伴玩，用同伴的力量影响他。父母可以引导孩子转移“兴奋点”，选择新的比较角度：谁的零花钱花得更有意义，谁穿的衣服美观大方又舒服。另外，在学习上比谁的进步快，在人际关系上比谁的朋友多，等等。帮助孩子找出更多优势，来弥补某些方面的不足，使孩子从中得到心理上的满足和形成正确的价值判断。

案例追踪

一年级的小东总是见到什么都想要，因为他是和爷爷奶奶一起住的，妈妈不愿意买的时候，爷爷奶奶也会私底下给他买。小东从小到大都在爷爷奶奶的纵容溺爱中成长，导致孩子的要求越来越过分，开始只是对一些小玩具、出去玩的一些小游戏等提出需要。但是随着孩子进入小学之后，看到别人的书包啊，文具啊，自己明明已经有了，还是哭闹着想要。

面对这种情况，小东妈妈束手无策，前来向我们咨询。在与我们深入交流后，明白了问题的症结所在，便释怀了。之后采用我们提供的一些技巧，改进了自己的教育方法：

接纳情绪，积极沟通

一天，小东又向妈妈提出买新文具盒的要求。妈妈微笑着说："孩子，妈妈知道你肯定对这文具盒特别感兴趣，能跟妈妈说说这文具盒有什么新奇的吗？"

小东兴高采烈地说道："妈妈，这文具盒可厉害了，今天我看到班上的小皓用这种文具盒。你知道吗？里面有两层，可以放许多文具。最棒的是外面一层，你知道吗？有动态的图案！班上已经有好几个同学有了！所以，妈妈，我也想要一个嘛！"

妈妈在小东描述的整个过程中始终耐心倾听，待孩子说完，语气平和地说："嗯，原来是这样。这东西特别新奇，有几个同学有了，所以你也想要，是吧！"

小东点点头："是的，我很想要，妈妈，你给我买一个吧。"

妈妈："你是爸爸妈妈的宝贝，爸妈是很愿意适当满足你合理的需要的，但你知道什么才是合理的需要吗？"

小东犹豫着说："额……这个我不知道。"

"合理需要呢，要具备三个条件：一是你的确有需要，真心喜欢的；二是具有一定的使用价值的；三是在爸妈支付能力范围内的。"妈妈拍拍小东的肩膀，蹲下身子，"孩子，让我们一起想想这个文具盒是不是你的合理需要？"

妈妈通过耐心引导，让小东明白刚开学妈妈就带他亲自选购了十分时尚漂亮的文具盒，现在还很新又实用，没有再买的需要。接着，妈妈还通过讲故事的方式强化孩子合理需要的意识。

有意去训练孩子

小东妈妈还有意训练孩子，就算去商场时看到他喜欢的东西，也先不买，采用延迟满足：让孩子看看物品的价钱是多少并记下来，告诉孩子爸爸妈妈要努力工作多长时间才能买到。父母还可以在加班回来后跟孩子说说工作的辛苦，可以让孩子在等待的过程中帮忙做家务活。

通过一段时间的体验式训练，小东渐渐明白：很多东西不是你想要就能得到的，而是需要付出相应的努力和劳动的。他也体会到父母做家务是辛苦的，工作是劳累的，赚钱是不容易的，从中学会了感恩。

孩子看见别人有的东西也想要，怎么办？

扫码获取音频，阅读更轻松

9. 孩子沉迷看电视，怎么办?

家长困惑

“老师，我们家孩子特别喜欢看电视，连我们叫他都听不到，怎么办好呢？”

“我家儿子看电视一看就好几个小时，眼睛都快近视了，怎么办？”

“我家的小孩看电视看得入了迷，一说要把电视关了就大发脾气，真烦心！”

……

孩子沉迷看电视，怎么办？为此，我们综合多个案例，做了详细分析。

查找原因

（1）家长陪伴少，电视诱惑强

现在很多父母由于工作忙或者家里不止一个孩子，陪伴、照顾孩子的时间少之又少，照顾孩子的工作就交给家里的老人或保姆。而老人或保姆为了花更多时间做好家务，或是为了让孩子安静下来，就会依赖于电视，把电视作为既方便又有效的“临时保姆”。尤其到了寒暑假，孩子在家的时间会很长，父母因为上班无暇陪伴孩子，孩子对外界又有很强的好奇心，电视就成了他们了解认识外界的一个窗口。电视节目中精彩的内容、鲜艳的颜色、跳动的画面、好听的声音等，对孩子而言，无疑具有极大的吸引力。缺乏监管的孩子对电视很容易从着迷变为沉迷。

（2）家长对电视的弊端认识不足

一些家长认为电视节目具有某些教育价值，当孩子展示出通过电视节目获得的“进步”时，他们往往认为看电视对孩子的智力发展有促进作用，从而忽视了长时间看电视的弊端，任由孩子长时间看电视，孩子的视力就容易受影响。除了对视力的影响，有些电视节目里还会出现暴力、威胁、惊恐等画面，粗俗的用语、消极负面的情节或者成人的题材也不在少数，比如某部国产动画在10多分钟出现了20多句脏话。在电视节目之间，还夹杂着各种各样的电视广告，其中有许多垃圾食物的宣传，引诱孩子购买；或者出现只适合成人观看的广告。孩子的身体、心理发育尚不成熟，其控制力和判断力远不及成人，如果长时间观看这些负面内容，家长又没有进行及时的指引，他们就会对这些不良的行为进行模仿，说脏话、有暴力行为。在我国，曾有孩子模仿动画片中用锅来烤活羊的情节，将小伙伴绑起来烧伤；也有孩子学着动画片里的情节，撑着伞从五楼跳下等极端模仿现象出现。

解决策略

（1）家长多陪伴，转移孩子注意力

一些家长由于工作较忙或者是家务繁重，陪伴孩子的时间很少，就让孩子独自看电视，这样会加深孩子对看电视的渴望，有时候还会影响父母和孩子之间的关系。家长要多陪伴孩子，采用转移注意力的方法来转移孩子对电视的迷恋。同时让孩子多参加其他活动，当孩子体会到这些活动比看电视更有趣时，就会逐渐减少对电视的依赖。比如：看书、做运动、玩游戏、户外活动、旅游，或者让孩子帮忙一起做饭、打扫卫生等，都是转移孩子注意力、培养兴趣的好方法。时间一长，孩子也就不会再沉迷看电视，亲子关系也有所好转。培养孩子健康的心理，需要家长在忙碌之余花时间、花心思去安排。

（2）制订看电视守则，规范家人看电视习惯

想要完全不让孩子看电视，这是不现实的，也是不合理的。但没有规矩不成方圆，关键是制订看电视的守则。建议家长每星期列出一个看电视时间表，明确写出孩子可以看电视的具体时间，并定下守则。比如：每天做完什么事情可以看多长时间的电视，吃饭时不能看电视，做作业时不能看电视等。每次在看电视之前告诉孩子要遵守守则。在看电视时间结束前，适当提醒孩子，给孩子一个心理缓冲。

在观看内容上也要做出规定，家长可以根据孩子的特点选择趣味性强、知识性强、故事性强的节目。如果条件允许，还可以通过电视节目的设定，提前对孩子可看的电视节目进行筛选。这样不仅避免了孩子看电视的时间过长，也让孩子对所看电视节目的内容进行选择，培养孩子的自控能力。制订的守则要简单且能持续，父母不应该因为孩子的哭闹而轻易改变规则。

家人的行为习惯对孩子有着很大的影响。看电视守则同样也规范着家人看电视的习惯。全家人要一起检讨自己看电视的习惯，在规划好观看电视的时间和节目的内容之外，当孩子观看电视节目时，家长最好也在旁边给予引导，避免孩子受到不良画面信息带来的负面影响。

案例追踪

小桐是一位7岁的小女孩，由于父母工作较忙，主要由奶奶照顾她的起居。小桐非常喜欢看电视，一天可以看上三四个小时，常常因奶奶不让她看电视而对奶奶发脾气，奶奶对小桐没有办法。小桐的父母很担心孩子由于沉迷看电视而影响视力和性格的发展，向我们咨询。他们按照我们的建议这样做：

制订看电视守则

爸爸妈妈跟爷爷奶奶商量，都觉得不能再让小桐沉迷看电视了，爷爷奶奶同意以后尽量不在客厅看电视，而是回自己的房间看。

爸爸妈妈一起跟小桐说：“小桐，爸妈知道你很喜欢看电视，但看太多电视对眼睛不好，我们一起商量看电视守则，一起遵守，可以吗？”小桐有点不情愿，但还是答应了妈妈。

第一，明确看电视的距离。看电视时要坐在沙发上，不能凑到电视机前看。

第二，规定看电视的时间。上学的日子，晚上看电视的时间为8:00—8:30。放假的日子，上午看电视的时间为9:00—9:30和10:00—10:30，而下午看电视的时间为1:30—2:00和3:30—4:00。时间过了，就不能再开电视。

第三，关于电视内容的选择。爸爸妈妈选择了一些富有教育意义的动画片和儿童节目列在观看节目单里，若想看其他节目，需要得到爸爸妈妈的同意。

如果没遵守守则，第二天就要减少一半的看电视时间，如果一个星期达到2天不遵守守则，就要停看电视2天。

妈妈把看电视守则写在纸上，张贴在电视机旁显眼处。由于小桐时间观念不是很强，在她看电视时间结束前5分钟，妈妈会提醒小桐：“小桐，还有5分钟就要关电视，是由你来关还是我来关？”当小桐不愿意关电视的时候，妈妈会再次提醒小桐：“如果今天不遵守守则，明天就要减少时间或者不能看电视了。”

转移注意力

爸爸妈妈下班后，分别安排时间陪伴小桐。他们选择了讲故事、做游戏、陪她看挑选的电视节目等方式，还引导小桐帮忙做力所能及的家务活。在小桐不愿意按照守则关电视的时候，爸爸妈妈会引导小桐进行其他活动，“要不我们继续昨天的游戏？”“今天妈妈读到了一个有趣的故事，你想听吗？”除此之外，假期里他们会带小桐参加户外活动，例如逛公园、爬山等。

坚持遵守守则，违反时适当惩罚

刚开始，小桐还是常常提出要看电视，每当违反了看电视守则，第二天爸爸妈妈就会将看电视时间减少，用其他活动代替看电视。后来，小桐看电视的时间得到了较好的控制，不再沉迷看电视，并且乐于接受家长安排的家务活，心里惦记的是妈妈讲的故事、与爸爸玩的游戏等。

孩子沉迷看电视，怎么办？

扫码获取音频，阅读更轻松

10. 孩子沉迷于手机、电脑等电子产品，怎么办？

家长困惑

“孩子总是喜欢玩手机游戏《绝地求生》（简称“吃鸡”），一玩就是好长时间，作业都不做。老师，怎么办？”

“老师，我女儿一玩手机，就什么也听不见，饭都不吃，真是气人！”

“我家的小鹏最喜欢玩手机游戏《王者荣耀》，一玩起来就忘记做作业。老师，应该怎么办？”

……

孩子沉迷于手机、电脑等电子产品，怎么办？为此，我们综合多个案例，做了详细分析。

查找原因

（1）环境影响

随着科技的迅速发展，人们生活水平不断提高，手机、电脑等电子产品越来越多，每个家庭都充斥着大量电子产品。周围的同学或朋友都在玩网络游戏，孩子看到了经不住诱惑，也会学着样子去玩，特别是中高年级的孩子受同伴影响更明显。

手机、电脑等电子产品越来越方便，越来越能吸引人们去使用它、依赖它。尤其是手机，新型手机的功能越来越强大，在生活的方方面面都发挥着作用，几乎每个人都离不开手机。从某种程度上来说，手机也在影响着小孩子的生活。例如：学校的通知、信息都是需要用手机来阅读的，老师布置的作业也有一部分是通过手机来接收或者是直接通过手机来完成的。要想让孩子完全不接触手机，是一件极为困难的事。

同时，与手机、电脑等电子产品配套的网络游戏也做得越来越有吸引力，像目前流行的《王者荣耀》《绝地求生》等。这些游戏都能紧紧抓住孩子的好奇心和喜欢挑战的心理，新鲜刺激，玩家能及时得到奖励，满足其虚荣心。小学阶段的孩子自控力弱，一旦接触手机，就有沉迷于手机游戏的风险。

（2）逃避学业压力

学业是孩子生活的重心，目前孩子面对的学习压力越来越大，学习的焦虑情绪自然增加。当孩子觉得自己学习压力过大时，就可能会通过玩游戏来排解压力与苦闷。目前，手机、电脑等电子产品是很容易玩上手的游戏工具，里面的网络游戏入门快，操作简单，能很快让孩子产生满足感，孩子们容易沉溺其中而难以自控。

（3）家庭关系不和谐

情感问题是困扰学生心理的常见现象。目前，社会经济文化生活方式越来越多元化，这些多元化的思潮也会冲击家庭。家庭关系出现不稳定性，如夫妻关系不和，便会间接影响亲子关系，容易导致孩子情绪失落，从而迫使孩子逃离到手机、电脑等电子产品中，以获得暂时的清静和心理安慰。

（4）家庭管理不到位

不少孩子第一次玩手机等电子产品都是父母促成的。一开始父母是为了省事，不让孩子到处乱跑，方便看管。例如，父母为了激励孩子做作业或考出好分数，会以给孩子玩手机游戏或买一台电子产品做诱饵。父母一开始想的是只要孩子听话，给孩子玩一玩也无所谓，并没有意识到这样做的风险，不清楚手机、电脑等电子产品是顶尖的诱惑品。当发现孩子上瘾时，有些父母就用暴力的方式来处理，导致问题越来越严重。最后，父母们回忆起当时自己的漫不经心，悔不当初，恨不得把手机、电脑等电子产品统统扔掉。

解决策略

（1）落实家规

国有国法，家有家规。一个家庭要想发展得好，一定要有好的家规。全体家庭成员一起商量制定家规，遵守家规，家庭管理才能落实到位。手机、电脑等电子产品是诱惑力极强的物品，不但要避免孩子玩上瘾，而且也要避免家长自己玩上瘾。如果只是限定孩子不能碰，家长自己却肆无忌惮地玩，这样很容易引起孩子的不满与反抗，家长再要管教就更难了。

孩子的自制力有限，管理孩子的娱乐，关键在于时间的管理。孩子玩手机、电脑等电子产品来放松一下，本无可厚非，但问题在于孩子能否把握好度，不致沉溺其中。家长要清楚地知道孩子对手机只有使用权，没有拥有权。让孩子清楚，在使用这些东西时，是有时间限定的。这些都要写进家规里。孩子使用手机时，家长一定要及时监督落实，按时发放，按时收回。孩子一开始可能会舍不得交还，这时家长要和善地坚持，直至收回手机。如果孩子多次不能遵守使用规则，请坚决收回！一定要记住，千万不要拿手机、电脑等电子产品作为奖励孩子的奖品，否则将追悔莫及。

（2）了解孩子学习的压力

一个学习认真的孩子，无故变得懒散，而且沉迷于手机、电脑等电子产品，有可能是孩子遇到了困难或压力。作为家长要及时了解孩子的学习进度、学习困惑，尽力帮助孩子解决学习困难，如果自己帮不上忙，也可以跟老师沟通或者带孩子去寻求专业人士的帮助，让孩子尽早从学习的迷惘中走出来。

（3）营造和谐的家庭氛围

孩子的健康成长离不开和谐的家庭关系，夫妻关系融洽，家庭氛围自然和睦。孩子的安全感高、归属感强，才更易听从父母的管教与约束。即使孩子偶尔沉迷于手机、电脑等电子产品，只要父母及时提醒及督促，孩子也会很快从中醒悟过来。

（4）增设亲子活动时间

要避免孩子因空虚无聊而玩手机、电脑等电子产品，家长可以设定有趣的亲子活动时间。在每天规定的时间里，大家都放下手机、电脑等电子产品，一起闲聊、读书、运动，相互督促，相互影响，一起成长。让孩子养成有空闲就看课外书籍或运动的良好习惯，而不是玩网络游戏。特别是在饭桌上，每个家庭成员都要遵守不玩手机、电脑等电子产品的规则，利用好等待上菜的时间多沟通交流，这样家庭生活会更丰富、更健康。

案例追踪

小龙期末考试考得很好，父母就把旧手机奖励给他玩。虽然刚开始说明每天只能玩一小时，但是《绝地求生》游戏有现场感，反馈奖励及时，让孩子特别兴奋，也有成就感。一星期后，父母发现小龙连吃饭都要叫半天，再后来发现孩子睡觉的时候都在被窝里偷偷玩游戏。父母开始责备孩子，但孩子不听，不仅不做暑假作业，还顶嘴。这个时候，小龙父母向我们求助，他们按照我们的建议这样做：

收回手机，制订使用规则

爸爸温和而坚定地对正在玩游戏的小龙说：“小龙，你停下来，看着爸爸的眼睛，现在是吃饭时间，请把手机给爸爸。”

小龙拖拖拉拉、依依不舍地把手机给了爸爸。

爸爸严肃地看着小龙说：“因为你不能管理好自己的手机使用时间，所以手机需要收回，你暂时不能用了。我们约一个时间制订好使用规则，如果你能按照规则合理使用，我们再考虑把手机还给你。”

小龙无奈地点点头。

第二天下午，全家人一起制订了手机使用规则。

不按规定使用，就要接受惩罚

刚开始两周，小龙对手机的使用情况良好，但是当爸爸出差后，妈妈的管理不够坚定，小龙就有些失控了。爸爸回来后，根据妈妈描述的情况，一起与小龙进行了沟通。小龙意识到的确是自己违反规则在先，于是同意连续两周不再玩手机。

现在小龙对手机的自控力越来越好了，但后面还需要家长的合理监督与和善坚持。

孩子沉迷于手机、电脑等电子产品，怎么办？

扫码获取音频，阅读更轻松

11. 孩子一放假就只顾着玩，怎么办？

家长困惑

“这个孩子，只要一放假，就只顾着玩了，老师，你说怎么办才好啊？”

“老师，我儿子一到放假时间，就只顾着玩，学习、作业都抛到九霄云外了，该怎么办？”

“老师，我现在最怕放假了，您看，学校一放假，我这孩子就毫无顾忌地玩，怎么说都不听，怎么办啊？”

……

孩子一放假就只顾着玩，怎么办？为此，我们综合多个案例，做了详细分析。

查找原因

（1）时间观念不强

认知心理学认为，每个人的时间观念与自身的时间知觉密切相关。所谓时间知觉，是人对事情发生的顺序性和持续性的直觉反应。6～7岁的儿童对于时间的概念还是模糊不清的，对短时间的估计不够准确；8～14岁的孩子对短时间的估计比较准确，时间观念已渐趋稳定，但他们对半小时以上的长时间估算，容易受到情绪、任务等因素的影响。成年人都难以做到自律，何况是时间知觉处于发展初期的孩子。

所以，我们就常常看到，一二年级的孩子，也许刚刚答应父母只玩半个小时，但真正玩起来就没完没了，他们根本无法准确预估半个小时究竟有多长。而中高年段的孩子，虽说时间知觉进一步发展，但只要和小伙伴玩篮球玩到兴起就不记得回家的时间了，或者打游戏打到入神就忘了休息，这就是他们处于时间知觉发展阶段，时间观念不强的表现。

（2）没有做假期计划

假期，特别是长假期的到来，打破了孩子们平时上课的作息时间规律。很多孩子生活作息不规律，过一天是一天。有的家长中途发现问题，才想到要制订计划，要让孩子过个有规律的假期。有的家长甚至觉得只要孩子快乐，随性一点也好，殊不知这种随性，就给孩子过一个放任无聊的假期提供了条件。

（3）做事欠缺轻重缓急的意识

一天当中，要完成的事情有很多，这些事情在时间管理四象限法则中可以细分为“重要紧急的”“重要非紧急的”“非重要紧急的”“非重要非紧急的”。如果我们没有排序，东做一点，西做一点，不但做事的过程很乱，而且事情完成得也不会好，有时还会漏掉重要紧急的事情。孩子也一样，当他没有把假期要做的事情进行排序，他就会觉得放假了去玩是很正常的，喜欢玩就先玩，作业嘛，后面还有大把时间可以做，不要紧的。

解决策略

（1）培养并强化时间观念

培养孩子的时间观念，可以从日常时间安排表开始。需要注意的是，时间表需要父母和孩子一起商量制订，只有让孩子参与制订的过程，才会有后面去落实遵守的自觉性。制订好时间表就必须严格遵守，坚持执行，不可三天打鱼，两天晒网。因为一个好习惯的养成，至少需要21天的坚持，而养成一个坏习惯，只需要片刻的放纵。只要坚持下去，孩子的时间观念就能得到增强。在这个不断坚持的过程中，孩子就能慢慢地从时间表中规定的“他律”过渡到“自律”层面了。

在这里要强调的，也是最难做到的一点：对刚上小学的孩子，父母要做到“舍”，舍得花时间陪伴、花时间督促、花时间坚持。如果做到了也做好了，那么，等孩子上了中高年级，即使家长忙于工作，一时疏于管理，由于孩子已经形成了按时间表做事的好习惯，家长也就无须担心孩子只顾着玩的问题。

（2）提前制订假期计划并预估可能性

父母应该让孩子明白，为何要制订假期计划。做任何事情都要有计划地进行，而不是漫无目的、毫无章法地去做。制订假期计划能培养孩子有条理、有计划做事的好习惯。

因为假期的特殊性，很多事情需要家长做好预估，即事前预测。比如，这个暑假计划一家人出行或者今天去哪里玩，为避免孩子玩过头，父母就要提前做好各种预估。像路程大概有多远；需要多长时间；孩子无聊的时候可以做些什么事情来打发无聊时间；在这个行程中，有哪些安排；等等。大家一起提前对整个假期制订计划表，孩子就没那么容易出现玩个不停的问题了。

（3）劳逸结合，学习前置

每个人都需要劳逸结合，这样才能张弛有道。小学阶段的孩子，注意力集中的时间是15～30分钟，因而父母不应要求孩子一个晚上就把周末的作业写完，而没有放松休息的时间。放假的时候，如果孩子能根据要做事情的轻重缓急排好序，先完成重要紧急的事情，再做重要不紧急的事情，那么，他在做事的时候思路就会清晰很多，也自信很多，更有助于把重要的事情做好，做出成效。所以，父母还是得提醒孩子先完成学习任务，再去玩。周末时间，学习任务最好在周六完成，周日可根据实际情况进行合理安排。长假期间，学习、作业最好在前面三分之一的时间内完成，这样就不会出现孩子一放假只顾着玩，到了后面拼命赶作业的情况了。

案例追踪

小易是个聪明活泼、兴趣广泛的男孩，在学校表现优秀。但是，一到放假他就只顾着玩，作业什么的都丢在一边，等到最后时间才急匆匆地赶作业。父母多次提醒、批评，但收效甚微，于是向我们求助。在我们的建议下，他们回去之后这样做：

周末作业分块分段完成

周五吃过晚饭后，妈妈把小易叫到跟前，说："小易，你看看这个周末的作业有哪些，把要写的作业排前面，每做30分钟适当休息10分钟。当然，如果是做试卷，就按照老师的要求来完成。你看怎么样？"

小易点点头表示赞同。

妈妈接着问："如果这样安排，你觉得作业大概什么时候能做完？"

小易想了一下后回答："明天中午前应该可以写完了。"

"嗯，等你做完作业，明天下午我们一家人去生态园运动。现在你就开始做作业吧！"妈妈拍拍小易的肩膀说。小易愉快地去做作业了。

制订日常时间安排表，并做好监督工作

同时，小易的父母从培养孩子的时间观念着手，和孩子一起商定日常时间安排表，并做好监督工作。除此之外，一到假期，他们就提前引

导孩子做好假期计划，并张贴在显眼的地方，每天早餐后让孩子看一次或读一次，然后对照着时间安排表去完成。同时做到每三天检查反馈一次。外出游玩也不再放任，而是提前做好各种计划准备。这样坚持了一段时间之后，父母发现小易的时间管理能力有了明显提高。

孩子一放假就只顾着玩，怎么办？

扫码获取音频，阅读更轻松

12. 孩子进入青春初期，越来越叛逆，怎么办?

家长困惑

“孩子进入高年级后，常常跟我对着干，不听话了。老师，怎么办?”

“我的孩子六年级了，现在特别喜欢顶嘴，好像变了一个人，我都被他气疯了，唉!”

“孩子差不多小学毕业了，却越来越叛逆，面对孩子的这些改变，老师，应该怎么办?”

……

孩子进入青春初期，越来越叛逆，怎么办? 为此，我们综合多个案例，做了详细分析。

查找原因

(1) 孩子身体急剧变化，性征开始不一样

进入青春期，孩子身体开始发育变化，而且是急剧的。男孩开始变声，可能还会有遗精；女孩的胸部开始发育，还可能来月经。这些变化，对于他们来说，往往是突然而至的，虽然听说过，但真正降临到自己身上，却还是心理准备不足，他们会慌乱，会烦恼。

(2) 孩子身体激素水平变化无常

伴随生理的急剧发育，青春期孩子的性激素水平迅速增加。这种生理变

化常常会在潜意识状态下引起人的心理波动，影响人的情绪，但又不容易被察觉，所以孩子自己也不知道为什么那么急躁，那么不耐烦，那么容易对大人说不。他们的身体激素什么时候水平高，什么时候水平低，他们自己也不知道，也控制不了，所以他们有时候比较温顺，很懂事，有时候就很倔强，特别牛脾气。

（3）孩子产生强烈的自我意识

进入青春期，孩子已经到了一个新的发展阶段，认知水平正在提升，自我意识越来越强，甚至觉得自己已经长大了，什么都懂。其实，此时孩子的心智发育跟不上身体发育。在思想上，他们往往缺乏经验，思考问题比较简单，不够缜密。在行为上，他们的表现跟以前截然不同，特别容易跟父母较真，喜欢追求所谓的绝对化的公平公正，对父母的话语和行为十分挑剔，如果发现瑕疵，就会揪住不放。无论父母说错了还是说对了，他们都会找各种奇怪的理由来顶嘴或反对，以此来证明自己是对的，找自我存在感，有强烈的独立意识。

解决策略

（1）父母帮孩子度过第二性征转变期

作为过来人，家长有必要给予孩子及时指导，以帮助孩子度过这个转变的困难时期，让孩子习得方法与技巧，这样孩子就会多些从容，少些冲动。这里给大家介绍一个方法，就是多引导孩子看科普性极强的青春教育读本，如美国学者詹姆斯·杜布森博士写的《预备青春期》和《正当青春期》。最好是父母孩子共同研读，以便帮助孩子一起总结出适合自己状况的应对青春期困惑的方法。“哪个少男不钟情，哪个少女不怀春”，青春期的孩子大多数都会遇到性与恋爱这样的事。家长要明白这些事都是人的一生中很美好的东西，要主动和孩子交谈，给孩子传授一些正面的知识。如果父母忽略了，孩子就有可能受网络上不健康信息的迷惑，影响身心健康，这样往往会贻误孩子。

（2）父母对孩子的变化要有正确认知

青春期孩子的叛逆在很大程度上可以归因于孩子体内的激素过剩，过剩的激素刺激身体的发育改变，同时也刺激大脑，影响大脑功能。脑实验证明，大脑中掌管情绪的组织（杏仁核）会因激素的增减而变化不定，因而青少年的情绪起起伏伏，冲动有余，而理性不足。

看到孩子行为背后的客观因素，知道这些看似不合理的行为是由一些不易调控的因素造成的，并不是孩子故意为之，更不是孩子堕落了、变坏了，这样我们就能平心静气，跟孩子的沟通就会顺畅很多，从而避免与孩子发生过多的冲突。

（3）父母应该改变和孩子的沟通方式

父母要做到少唠叨，少要求，多给孩子自主权，多征求孩子的意见，多认可孩子。正如李玫瑾教授所说，孩子6岁之前唠叨是黄金，12岁之后唠叨是垃圾。父母应切记不要对青春期的孩子唠唠叨叨，要更有耐性，更有耐心，学会等待。

对于青春期的孩子来说，父母的打骂只会激起孩子更大的反抗，在以后的行为中形成一种条件反射式的敏感反抗，只要父母一开口，孩子就条件反射地讨厌父母，不想回应，甚至顶撞父母，跟父母对着干。

虽然不能唠叨打骂，但是基本的原则还是要坚持，不能随意让步，如生活习惯、时间观念、学习习惯等。不能因为孩子处于青春期，就没有原则，没有底线。一般情况下，当青春期的孩子知道自己做错了，或多或少都会有自责心理，都想弥补过失。这时如果家长粗暴地呵斥孩子，孩子则可能会以暴制暴，对抗到底，这样反而不利于孩子认错改正。家长应当先接纳孩子的情绪，给孩子一个改正错误的机会，待双方冷静后，再按照家规进行适当的处罚。只有这样，孩子才不会认为口头上认错就没事了，才能从错误中吸取教训，总结经验。记住，我们在教育孩子时一定要做到温和而坚定。

案例追踪

12岁的小慧脸上已经开始长痘痘了，胸部也开始发育了，妈妈意识到孩子开始进入青春期了，心里除了喜悦，同时也是非常担忧的，因为孩子的各种表现都出人意料，很容易执拗，很容易烦躁不安，而且也开始不听妈妈的话，动不动就反抗妈妈。妈妈觉得很焦虑，后来和我们交流，明白这是青春期的表现，于是，心里坦然了很多。小慧妈妈采用了我们提供的一些技巧，改进了教育的方法。

指令简单明了，再冷处理

有一天，妈妈在公司遇到了上司责难，带着十分烦躁的心情回到家中，看到小慧不但没有自觉做作业，还在看电视。妈妈无名火顿起，正想大骂小慧，这个时候她意识到骂孩子没有用，于是深呼吸三下，让自己冷静下来。

妈妈平静地说："慧慧，关电视，去做作业！"

小慧给了妈妈一个白眼，不情愿地说："再看一会儿嘛！"

妈妈坚定地重复说："慧慧，关电视，去做作业！"

小慧一动不动，妈妈立刻去关掉了电视，转头对小慧说："等你做完作业，我们好好谈谈。"

别在孩子急躁自己又烦躁时，讲大道理。这个时候要指令简单明了，再冷处理，避免正面交锋。

避免带情绪对话

妈妈跟爸爸出去散了一会儿步后，跟爸爸谈了一下自己的工作，得到了爸爸的理解，妈妈的心情好多了。同时，妈妈希望得到爸爸的支持，一起管教小慧的学习习惯问题。等小慧做完作业，双方冷静下来，约孩子一起好好聊一聊。

妈妈真诚地对小慧说："刚才回来看到你不做作业，在看电视，妈妈真是生气极了。"

小慧不好意思地说："今天听同学们讨论了我喜欢看的电视的剧情，我特别好奇，想追着看看。对不起，下一次不会了，我会先做作业。"

在不带情绪的情况下进行理性对话，亲子交流顺畅多了，孩子的叛逆行为才有可能越来越少，亲子关系才会融洽。

孩子进入青春初期，越来越叛逆，怎么办？

扫码获取音频，阅读更轻松

13. 有了二宝后，大宝越来越不听话，怎么办？

家长困惑

“我家二宝出生后，大宝变得越来越不听话，还经常因为没完成作业被老师投诉。老师，我该怎么办？”

“我家大宝很容易闹情绪，有时候看到自己的弟弟哭闹，不但没有哄弟弟，还会动手打他。我批评过他很多次，但并不管用。老师，我该怎么办？”

“老师，我家大宝之前都已经能自己一个人睡了，但二宝出生没多久，他就不肯一个人睡了，每天晚上睡觉都会哭闹。我该怎么办？”

……

有了二宝后，大宝越来越不听话，怎么办？为此，我们综合多个案例，做了详细分析。

查找原因

（1）父母平日包办过多，大宝无法平稳过渡

二宝出生前，父母的精力大都会花在大宝身上，特别是学习上的事情，更是做得事无巨细，孩子便会事事依赖父母的提醒和监督，久而久之也就缺乏独立能力了。二宝出生后，父母因为精力有限，对大宝的照料便会出现力不从心的状况，特别是学习上，很多时候只能靠孩子自觉自律。但孩子还小，不可能一下子就变得独立自主。他们可能会因为父母的教养方式或家庭生活的突

然改变而变得无所适从，出现做作业不认真，成绩退步，甚至不完成作业还撒谎，被老师投诉等情况。很多父母接到老师对孩子的投诉后，往往会情绪失控而对孩子大动肝火。这种粗暴对待的方式，反而会使孩子产生逆反心理。

（2）大宝的占有欲较强，想引起父母的关注

一个家庭中出生的第一个孩子往往会成为家庭的中心，所有人都会不遗余力地照顾他，满足他的各种需求。久而久之，他便成了家中的“小皇帝”“小公主”，也会产生家里有什么好东西都属于他的观念。但随着二宝的降临，原本的家庭结构便随之打破。这就意味着大宝独生子女的身份一去不复返，也意味着他那曾经“集万千宠爱于一身”的日子也不复存在了。因为“霸主”地位受到了威胁，大宝便可能会对二宝的降临表现出反感、抵触，甚至产生敌意。

没有父母的时时陪伴，有些大宝会觉得父母都不在乎他了，便可能会通过故意犯错惹怒父母来达到引起父母关注的目的。

（3）父母对大宝要求过高，经常拿大宝和二宝比较

有些二胎父母认为，大宝比二宝大，什么事情都应该要比弟弟（妹妹）好，发生争执时就应该要让着弟弟（妹妹）。因此，当父母看到大宝没有主动谦让二宝而发生争执时，就会武断地对大宝说：“你都这么大了，怎么还不知道让着弟弟（妹妹）呢？”当看到大宝某些地方做得不如二宝时，就对大宝挖苦，甚至讽刺。这部分父母以为拿大宝和二宝比较，大宝就会变得积极向上，其实，他们越这样说，大宝的内心越反感，就更会变成父母挖苦的那样。

解决策略

（1）给大宝做好充分的准备工作

妈妈知道自己怀孕后，要及时告知大宝，让大宝在心理上做好迎接二宝的准备，并经常跟他说：“妈妈已经怀孕了，你将要当哥哥（姐姐）了，有了

弟弟妹妹后，这个世界上，你就多了一个爱你的人。”妈妈去医院做胎心检查时，可以在征得医生的同意下，让大宝聆听胎儿的心跳声；B超检查图也可以给大宝看，让他感知二宝的变化。

父母也要提前做好孩子独立学习的习惯养成工作，包括早上按闹钟时间起床，上学前准备好所有学习用品及作业，放学后把书本和作业收拾好再回家，回家后能自觉认真地完成作业等，从而避免二宝出生后，因父母的精力有限而使大宝在学习上出现巨大的落差。

（2）多陪伴，给大宝机会照顾二宝

尽管二宝小，需要多照顾，但家长也不能顾此失彼。其实，二宝刚出生时，吃饱就睡，建议家长每天给大宝挤出15～20分钟的单独陪伴时光。这个时间段，可以跟他聊聊天，玩玩游戏，讲讲故事等。爸爸也要尽量抽时间，多带大宝到户外玩一玩。这样大宝就会觉得，二宝的出生并没有夺走父母对自己的爱。

平时，可以让大宝多参与到照顾二宝的事务中来。如：帮二宝递尿不湿或纸巾；推二宝睡的婴儿车；给二宝讲故事、唱儿歌……父母要及时表扬和鼓励大宝，尝试用二宝的口吻说：“谢谢哥哥（姐姐）的照顾，有你真幸福。”以此使大宝产生责任感和成就感，同时也可以增进孩子间的感情。

如果大宝跟二宝之间年龄差距不大，可能会出现大宝排斥或者欺负二宝的行为，这时父母不要急着批评，而要接纳孩子的不良情绪。因为打压孩子的想法和表达，虽然能换来一时的平静，却会使矛盾加深。家长可以向大宝陈述客观事实，表达对他的关注和爱意，例如这样说：“我看到二宝刚才碰了一下哥哥（姐姐），哥哥（姐姐）可能因为感到不舒服而不开心了。来，妈妈抱一抱。”通过客观事实的陈述和爱意的表达，让大宝意识到爸爸妈妈一直关注着自己，促使他自行调整言行，这比家长的说教效果要好得多。

（3）不偏不倚，不比较

家长不能因为二宝小就偏向他，让大宝一定要让着二宝，这样只会加深大宝对二宝的怨恨。为了避免两个孩子发生矛盾，建议家长跟孩子一同制

订规则。大宝和二宝的年龄差距大的，可能经常会因为看电视节目而产生分歧。例如大宝会偏向于看偶像剧之类的，而二宝则偏向于卡通片节目。这个时候，家长可以让他们通过抓阄等方式来解决谁先看，谁后看，以及看多久等问题。大宝和二宝年龄相仿的，可能经常会出现抢玩具等矛盾。遇到这种情况，家长可以和孩子商定：先到先得，或每周一三五谁玩什么，二四六谁玩什么等玩耍规则。

家长也不能拿两个孩子比较，要善于发现两个孩子做得好的地方，做到要夸一起夸。比如："小宝，你今天能把自己的玩具收拾好，真爱干净。""大宝，你今天一回家就马上做作业，真自觉。"没有比较，孩子就不会受到伤害。而且，每个人都有上进心，如果家长总能看到孩子良好的行为，而且还能及时具体地讲出来，那么孩子的上进心就会被强化，促使他做更多的好行为。

案例追踪

爸爸觉得妈妈坐月子期间，一家人照顾二宝会忙不过来，便决定中午不接小杰回家吃饭，让他到学校附近的亲戚家吃午饭和午休。可是，不过两个星期的时间，小杰的成绩便直线下降，还被老师投诉他中午回到班里抄同学作业，搞恶作剧等"罪行"。面对孩子的突然叛逆，家长非常着急，向我们求助。他们按照我们给的建议这样做：

接纳大宝的情绪并表达爱意

小杰回到家，妈妈便和他一同坐到沙发上。妈妈握住小杰的一只手，用温柔的眼神和小杰对视，说："小杰，最近，我接连几天都收到老师的投诉。你知道妈妈的感受是什么吗？"

"生气失望吧。"小杰怯怯地回答。

妈妈摇摇头，说："都不是，妈妈心里只有愧疚。因为自从二宝出生以来，妈妈只顾着照顾二宝，都没有时间跟你单独相处。我想，你肯定一下子没适应过来，心里觉得难受吧？"

小杰怔了一下。

"如果换作是我，也肯定会像你一样，感到无所适从。"

妈妈的话触碰到了小杰心灵的痛处，小杰的双眼一下子湿润了。

"小杰，妈妈一直爱你，你在妈妈心里永远都占据着一个位置！"

一旁的爸爸一只手搭在小杰的肩膀上，也说："嗯，爸爸也永远爱你，我们一家四口相亲相爱！"

小杰被爸爸妈妈爱的宣言感动了。

夫妻分工合作，给孩子足够的陪伴

虽然小杰已经读五年级，看起来像个小大人了，但他的内心同样需要父母的陪伴。妈妈每天趁二宝睡觉后，都会单独跟小杰聊天，听小杰分享他在学校里的趣事、苦恼事。爸爸尽管很忙，也坚持每天接送小杰上学和放学。假期里，爸爸会带小杰到户外骑车、打球、散步。很快，小杰的情绪便调整过来了。据班主任反映，小杰再也没有发生抄别人作业、搞恶作剧的情况了，成绩也很快追上来了。

小杰的改变离不开父母的关爱，更离不开父母的陪伴！

有了二宝后，大宝越来越不听话，怎么办？

扫码获取音频，阅读更轻松

三　如何让孩子养成良好的习惯

教育家叶圣陶说：“积累千万，不如养个好习惯。”可见习惯对人的成长影响是何等的重要。而父母作为孩子的第一任教师，更是责无旁贷。

1. 孩子做事总是丢三落四，怎么办？

家长困惑

“老师，我这孩子的脑子怎么就这么不好使呢，大前天忘记拿试卷给我签名，昨晚又忘记把数学书带回来。怎么办才好啊？”

“老师，我每次都叫孩子对照作业登记本一样一样收拾，可他就是经常做作业的时候，这个找不到，那个找不到！您说怎么办呢？”

“我真是被他气死了。你看，一个星期，已经让我送了四次东西了，我们都很忙，现在接到学校电话都害怕。老师，您帮我想想办法吧。”

……

孩子做事总是丢三落四，怎么办？为此，我们综合多个案例，做了详细分析。

查找原因

首先，我们要明确什么是丢三落四。这个词是形容因做事粗心或记忆力不好而顾此失彼，有时也指做事没有首尾。它背后反衬出的是一个人在自立、自理能力上的缺陷。丢三落四虽说不是什么大毛病，但表现出孩子对生活的一种态度，长期这样下去，会让孩子变成一个不严谨的人，对他今后的学习和工作都是有影响的。

面对孩子总爱丢三落四的问题，相信做父母的难免都会生气，因为总得在孩子的后面做各种各样的善后工作。那孩子为什么“丢三落四”呢？又为什么总会这样呢？原因大概有以下三点。

（1）习惯包办导致能力缺失

很多丢三落四的孩子在家里的生活大部分被家长包办，没有什么可操心的。因为平时缺少锻炼，孩子做事就缺少计划性和条理性，管理自己东西的意识比较薄弱，独立自理能力不足。

（2）帮忙善后导致责任缺失

有的孩子，即使真的丢三落四出了问题，遇到了困难，也有父母帮忙解决：玩具找不到，家长替他找；忘记带学习用品，家长给他送；试卷或作业本忘记签名，家长赶去学校补签……长此以往，就形成了一种恶性循环。而家长“及时补救式”的“帮助”也会让孩子觉得，自己虽然丢三落四，但却不用去承担后果。渐渐地，孩子的责任意识就会被削弱，就更别提养成强化自我管理、独立做事的习惯了。

（3）孩子缺乏有效训练

有的孩子，尽管父母没有包办，可他也总会出现丢三落四的问题。原因是在孩子成长的过程中，父母没有重视通过具体指导有意识地训练孩子收拾整理的动手能力。当父母总是习惯口头提醒“要记得带……”或“别忘了拿……”的时候，孩子收拾整理的能力是不能得到有效锻炼的。

解决策略

（1）不包办，培养孩子独立自主的能力

聪明的父母，应该知道自立、自理对于一个孩子成长的重要意义，该是孩子做的事情，绝不包办、绝不代替。要知道，每一次蹒跚前行，或是摸着石头过河，都是孩子证明自己蜕变成长的印记。所以，在生活中，父母可以把

“小事儿”的主导权交给孩子，多让孩子锻炼，培养孩子的自立、自理能力，培养孩子有计划有条理的做事能力。

（2）不心软，不代替孩子为丢三落四买单

生活中，当孩子频繁要求父母为自己做事的时候，父母不应该总是直接答应。即使孩子可能会面临老师的批评、责罚，父母也不应该迁就或帮孩子逃避问题。比如孩子漏带数学试卷回家，现在的班级基本上都有家长微信群，父母可以让孩子去微信群里寻求帮助，问问哪位家长可以帮忙拍下试卷，当然最好是一份没写的试卷，然后再把它上传到微信群里，由孩子自己抄写一次，完成后第二天交给老师，并向老师说明情况。这样一来，孩子就得承担因丢三落四导致多做一点事情的后果。甚至可以不做这份作业，直接让孩子被老师批评。承受了这样的“后果”，他才有可能有意识地去改变丢三落四的毛病。如果父母长期心软担心孩子被老师责罚，什么都包办补救，没有原则地帮助孩子逃避因丢三落四可能要承受的结果，就会导致孩子养成推卸责任等一系列不良习惯。因此，要想孩子有所改变，父母绝不能越俎代庖！

（3）有效引导，刻意训练

生活中，父母应把收拾整理的技巧通过具体内容教给孩子，并进行系统训练。比如：孩子外出看电影前，可以指导孩子列一张出行清单，列出必带物品，如3D眼镜、水、纸巾、小零食等。之后根据出行清单逐一整理，放进背包里。家里没有的东西及时去购买，回来后第一时间收进背包里，并最后一次对照清单进行检查。如果孩子长期进行这样的刻意训练，他就会懂得提前规划、按部就班和检查完善的收拾整理技巧，也就能很好地避免出现丢三落四的问题。

父母一旦发现孩子已经形成丢三落四的坏习惯，切不可操之过急，要及时纠正，慢慢地指导孩子进行训练，并给予孩子改正的时间。在这个过程中，孩子丢三落四的问题可能还是会反复出现。如果发现孩子有好的行为，或者较之前没有那么频繁出现丢三落四的行为，应该马上给予称赞以示鼓励，从而强化孩子好的行为习惯，也让孩子有改正的动力。

案例追踪

小曾在班上是出了名的“马大哈”，做事丢三落四，经常回到家找不到书和试卷，到了学校找不到作业本、各种通知回执单……在这种情况下，小曾父母向我们咨询，他们按照我们的建议这样做：

表态不再充当“紧急救援兵”

有一天，当小曾“旧病复发”找不到数学试卷，请妈妈给老师说明情况的时候。

妈妈烦恼地说：“妈妈也不想你被丢三落四给拖累了，我们还是想办法改变吧。你觉得自己可以往哪个方向努力？”

小曾不好意思地说：“我以后多细心检查。”

“是的，希望你学会检查管理自己的物品，妈妈以后就不再接受‘紧急救援任务’了。”妈妈打趣地说。

刻意训练

周一放学，妈妈接到孩子后问：“作业都收齐了吗？”

“收齐了。”小曾回答。

“为了避免再跑一趟，你拿出作业登记本，我们对照着再检查一次吧。”妈妈提议。

于是小曾拿出作业登记本，和妈妈一样一样对照起来，妈妈说一项作业，小曾就找做该作业要用的东西，最后，小曾难以置信地喊：“呀，少了数学试卷！我马上回去拿。”

等小曾气喘吁吁地拿着试卷跑回来，妈妈问他：“一开始妈妈问你收齐了没有，你脱口就说齐了。可检查下来才发现少拿了试卷。你认为原因是什么？”

“试卷是老师上完第一节课后发的，我以为自己装进书包了。”

“是啊，有时候我们往往会以为自己做了某些事情，但实际上却不是这样。看来，要避免丢三落四，还是要落实检查啊。”

之后的一个星期，放学后妈妈接到小曾都会要求他拿出作业登记本，一起对照检查一遍。晚上小曾完成作业，妈妈也和孩子一起对照作业登记本再检查，看看作业是否都放进书包了；第二个、第三个星期，妈妈采用提醒加抽检的方式，慢慢地，小曾习惯了放学要对照作业登记本逐一收拾物品，做完作业要对照、检查所有东西是否都放进书包了。到第四个星期，妈妈基本可以放手让小曾自己收拾了。小曾丢三落四的现象极少出现了。

孩子做事总是丢三落四，怎么办？

扫码获取音频，阅读更轻松

2. 孩子做事拖拉，怎么办？

家长困惑

“老师，我家孩子做事总是慢吞吞的，老是要我们催促，怎么办？”

“老师，我家女儿无论是做作业，还是吃饭，总是拖拖拉拉的，我都不知道该怎么办才好。”

“我家小彬做事总是到最后一刻才‘抱佛脚’，效果很不好。老师，你说我该怎么办？”

……

孩子做事拖拉，怎么办？为此，我们综合多个案例，做了详细分析。

查找原因

（1）没有时间观念，没有时间支配权

孩子年龄小，自控能力弱，没有时间观念，做事情缺乏紧迫感，无法合理安排时间，所以课余时间一般由父母安排。而父母有时不顾孩子课余生活的特点，迫使孩子按照他们的安排做事。孩子小，只能被动接受，觉得时间并不属于自己，就算快速做完作业也不能玩自己喜欢的东西，而是要做父母安排的更多的事情，还不如慢慢来，自然就养成了要别人提醒、催促才做事的拖拉习惯。

（2）做事兴趣不高，目标不清

孩子生来就有喜新厌旧的本能，对于新鲜、刺激的东西，会很关注；对于枯燥平常的事，自然逃避。比如每天重复做各种枯燥的作业，孩子不清楚做作业是为了他自己，是帮助他巩固知识、训练能力，而且长期得不到适当的表扬或奖励，没有学习的兴趣，体会不到学习的乐趣，纯粹是为了应付老师和父母。学习没有动力，更别说目标了，写作业时自然拖拖拉拉，没有效率。

（3）做事计划不明，缺乏训练

其实，很多成年人也存在做事拖拉的现象。我们认为事情很简单，很容易完成，有信心在规定的时间内完成，所以一拖再拖，总觉得迟点做也没关系，直到最后才去完成；或者我们对所要做的事情没信心能顺利完成或出色完成，产生畏难心理，导致迟迟没有动手，拖到没法拖了，才临时“抱佛脚”。成年人如此，更何况是小孩子呢？如果孩子没有经过专门的训练，本来就没有计划，做起事来就更是拖拖拉拉了。

解决策略

（1）增强时间观念，珍惜时间

①自然后果法。所谓自然后果法，是指孩子的错误行为造成的自然结果，也就是当孩子犯错时，给孩子一个体验后果、发现错误并纠正错误的机会。运用此法来对付拖延症，父母需要先讲明原则再实行，态度要坚决，还要掌握好分寸。如孩子周末做作业非常拖拉，父母可以跟孩子约定：“你可以选择完成一科作业再吃午饭，如果完成不了就不能吃，晚饭前不能吃任何东西。”如果孩子做作业还是慢吞吞的，父母不要责骂，只要按约定说到做到即可。如果孩子喊饿，父母应平静地说：“我知道你饿，但约定好就不能反悔，你再忍忍吧。”这种表达方式既能让孩子感受到父母并不是因为想惩罚他而惩罚，而是因为他没遵守约定而受到惩罚，又能让孩子认识到拖拉习

惯所带来的不良后果。

②时间管理法。孩子的课余生活丰富多彩，但父母要教会他分清轻重缓急，时间管理就是强调“要事为先”，若颠倒顺序，必然会耽误“要事”。如父母必须让孩子明白，学习是他的首要任务，当学习与其他事情在时间上有冲突时，要保证学习优先。如果孩子早上拖拖拉拉，经常迟到，父母可以利用小闹钟分别设定起床、洗漱、吃早餐时间，坚持一段时间，孩子的生物钟一旦形成，到点就会自觉做事。

最重要的是，节省下来的时间应由孩子自行合理安排，让他在完成任务后可以自由地选择，喜欢做什么就做什么，或玩耍或阅读或玩游戏，这样孩子就会觉得“赚了”时间，久而久之，他会为了得到享受这种支配权的快乐而主动地克服拖拉的习惯。

（2）激发孩子兴趣，明确做事目标

每个孩子的智力、接受能力都不一样，父母应该全面了解孩子，为他们制订一些可以实现的小目标，这样他们更容易获得成功。当他们尝到成功的“甜”时，就会有兴趣、有动力去实现下一个目标。随着一个个小目标的实现，孩子就会不断取得进步。比如孩子学会查字典后，父母可以让他试着查一个部首明显、笔画较少的字。当他查出来了，父母应竖起大拇指表扬：“哇，你通过查字典多认识了一个字，太了不起了！”让孩子体会到学习的实际效用，这样能培养孩子的学习兴趣。一旦孩子对某件事产生兴趣，就会进一步主动地做事。

（3）助孩子定计划，进行专门训练

孩子年龄小，做事缺乏计划，没有效率，所以需要父母帮助他制订计划，并进行专门的训练，让孩子懂得做什么事都要有计划，按照计划实行才会有效率。

在制订计划时，父母要考虑孩子的具体情况，和孩子一起商量，这样孩子更愿意去执行。比如制订“作息时间计划表”，孩子什么时间起床，什么时间上学，什么时间做作业，什么时间看课外书，什么时间睡觉。计划按事情的

轻重缓急制订好，父母要经常督促检查，以防孩子忘记。一般情况要按计划执行，但也不能“一成不变”，特殊情况或者孩子提出的要求确实合理时，可以酌情变动计划。有了计划，加上父母的督促，久而久之，通过这样的专门训练就会让孩子每天的生活有基本的规律，孩子一旦养成了自觉的习惯，拖拉的习惯自然“不翼而飞”。

案例追踪

小飞放学回到家，经常是先玩玩具，到了吃饭时间，找各种借口拖延，在爸妈再三催促下才会吃快点儿。吃完饭，小飞在爸妈的疾言厉色下才会乖乖地做作业。做作业时，小飞有时发呆，有时满桌子找橡皮，有时翻半天书包都找不出本子……爸妈要不断提醒、催促，经常到10点多小飞才完成所有作业。听了我们的建议小飞父母这样做：

态度和善而坚定

小飞和妈妈共同制订了一份时间安排表，但小飞坚持了几天就又开始赖床了。

妈妈提醒：“小飞，今天是周末，按照时间安排表，你要在8：30前起床，现在是8：25，你必须起床了。”

小飞请求道：“妈妈，今天不用上学，就再让我睡睡吧。”

妈妈和善而坚定地说：“既然我们制订了时间表，没有特殊情况就必须遵守，起床吧。”

小飞继续恳求：“就多睡一会儿。”

妈妈轻轻地把被子掀开，微笑着对小飞说：“起床。”

小飞见拗不过妈妈，就只好起床了。

执行时间安排表，及时表扬鼓励

爸爸竖起大拇指称赞：“小飞，你刚才一直专注在作业上，并且能在9:30前就完成作业，进步很大！你可以在时间安排表的作业一栏打‘√’，相信你能坚持下去的，加油！”

正在擦桌子的妈妈也过来摸摸小飞的头，并表扬道：“我们家小飞最近起床、吃饭、睡觉、做作业，都能按照时间安排表做，表现是越来越好了！”

小飞开心地笑了。

爸爸鼓励小飞：“相信小飞以后的表现一定能更好！”

做小结，善奖励

妈妈引导小飞总结：“小飞，你回想过去三天，你有什么地方表现好，什么地方表现不足？”

小飞想了想说：“起床、吃饭、周末整理房间都有在规定的时间内完成，但做作业还是有点拖拉，有时候要到10点才完成。”

妈妈微笑着说：“嗯，起床、吃饭、周末整理房间，还有睡觉都表现得挺好的，这值得表扬！那你再想想为什么作业不能在规定时间内完成？”

小飞不好意思地说：“因为我做作业时不专心，有时候发呆，有时候上厕所，有时候喝水，而且没有迅速做这些事情。”

妈妈开心地说：“你能反省自己，已经是进步了。如果你以后做作业前就先把喝水、上厕所这些事情快速完成，是不是可以省下很多时间？”

小飞点头说：“嗯，我以后知道怎么做了。”

小飞父母和孩子每三天做个小总结，一起回顾做得好的地方、存在的不足，一起商讨改进方法，争取接下来取得更好的表现。一段时间内小飞的表现有进步，小飞父母还会适当地奖励他。有时奖励小飞买一本既适合他看的，他又感兴趣的书，有时奖励小飞策划一次郊外活动……

两个月过去了，小飞父母不会像以前那样看到孩子拖拉就发火，拼命催促，责骂孩子，翻旧账了。面对小飞的拖拉，他们采用和善而坚定的态度，小飞就比较容易接受父母的建议。但小飞偶尔还是会有拖拉的情况，但相比之前的拖拉生活，现在的生活已经越来越有规律了。我们告诉小飞父母，只有坚持下去拖拉的坏习惯才会彻底改掉。

孩子做事拖拉，怎么办？

扫码获取音频，阅读更轻松

3. 孩子不会整理书包，怎么办?

家长困惑

“老师，我女儿的书包总是乱七八糟的，叫她收拾，总是收拾不好，怎么办？”

“每次帮他收拾好，过几天他的书包又是乱糟糟的。老师，怎么办？”

“我儿子总是不会整理书包，找不到自己的东西就发脾气。老师，该怎么办？”

……

孩子总不会整理书包，怎么办？为此，我们综合多个案例，做了详细分析。

查找原因

（1）父母包办代替

许多父母觉得孩子小，就忍不住帮孩子整理书包，以为这些都是小事，孩子长大后自然会做，以为这样包办代替就是爱孩子。殊不知，孩子被包办代替越多，依赖心理就越强，孩子越长大越不能自理，什么事都依赖父母，遇到问题不会自己想办法解决。

（2）父母教育不得法

大多数父母心里都清楚包办代替是不好的，所以每次帮孩子整理书包时，也不忘“教育”一下孩子：“要听话，好好整理好自己的书包，要做整洁干净的孩子！”但收效甚微。因为孩子心不在焉，而且一直被父母包办代替，孩子就得不到锻炼，自然就学不会。下次，孩子还是不懂得如何整理书包，更别说自动自觉去整理书包。面对“扶不起的阿斗”，父母都是恨铁不成钢，但很多时候都只是反复地唠叨。同时又不得不一次又一次地帮孩子整理书包。这样形成的是恶性循环，对孩子学习整理书包，养成好习惯是徒劳的。

解决策略

作为父母，首先要明确，学会整理书包是培养孩子自己的事情自己做，以及自理能力的重要环节。父母绝对不能包办代替和唠叨啰唆了事，要用科学的方法来帮助孩子养成整理书包的习惯。

（1）示范讲解方法并训练

当父母发现孩子不会整理书包，特别是在孩子一年级刚入学的时候，要一边整理一边讲解，让孩子坐在旁边认真地观察父母是如何收拾书包的。然后，让孩子自己动手做一次，同时也要孩子说出整理的具体步骤。

整理书包的一般方法：

第一步，对照学校课程表，把书包里第二天不用的课本和物品放在家里。

第二步，把书包里的配件放到合适的位置，如水壶、手绢、纸巾、文具盒和书本等物品，要分开放置，并教孩子把每样东西安排在书包的一个固定位置。

第三步，给孩子买学生专用的文件袋（袋子上写明专门的用途），将所有学习用品分门别类装好。比如：语文课本、生字本、听写本、作业本等所有与语文相关的东西放在一个写着“语文”的文件袋里；数学、英语、美术等学科也一样，然后按照大小排列整齐，放在书包里。

（2）注意培养孩子的归位意识

孩子为什么不能快速找到自己想要的东西呢？收拾好的学习用品为什么变得混乱？很多时候是因为孩子用完没有及时归位，每次用完的东西随便乱塞。这看起来省时方便，实际上要找的时候就容易找不着，不但浪费时间，而且出门赶时间时，更是让人焦躁。当孩子找不到东西着急得哭时，正是教育孩子的时机。督促孩子按照上面的方法和步骤重新整理书包，整理好了，东西自然就容易找到了。找到东西以后，我们可以这样教育孩子："你看，将用过的东西放回原处，把东西整理好，就不乱了，找东西就不难了！"

（3）刻意训练，持之以恒

良好习惯的养成不是一朝一夕的，需要长期的训练和及时的检查反馈。习惯养成的前两个星期，父母要每天检查孩子书包收拾情况，并在做完作业后提醒孩子"书包整理好了吗？"两个星期后可以隔天检查一次，一个月之后可以一个星期检查一次，直到孩子完全养成整理书包的习惯。在检查的过程中，让孩子学会发现自己的问题，然后自己想办法解决。父母发现孩子有进步的时候要及时表扬，具体描述孩子取得进步的表现和让孩子说说自己的感受，而不是单纯地说"你真棒"，更不能动手代替孩子做。孩子没有自己动手体验是永远也学不会的。当然，平时父母也要做好物品分类归位的榜样，把房间物品收拾得干净整洁，让孩子知道及时归位和整理多么方便，多么重要。

案例追踪

小刘的妈妈意识到孩子收拾习惯不好，下决心帮助孩子改正。但对于孩子的书包和书桌抽屉的整理问题依然停留在口头的说教上，并没有真正与孩子一起收拾并坚持一段时间。到了三年级，小刘的书包和书桌抽屉还是十分杂乱，经常找不到要上交的资料。小刘妈妈向我们请教，她按照我们给的建议回家这样做：

让孩子亲自动手做一做

妈妈等孩子完成作业，拿起孩子的书包说：“孩子，你先看妈妈收拾一次。”妈妈一边收拾整理一边解说，最后问孩子：“你看明白了吗？”孩子点点头。

妈妈先让孩子说一次收拾书包的步骤，并对孩子说漏了的环节予以补充说明后，把东西放回原位，然后笑着说：“孩子，你来边说边做一次吧！”

孩子认真地完成了，妈妈竖起大拇指说：“孩子，你不仅记住了方法，还能边说边做，而且都做对了，你很认真！”

追踪检查

之后的每一天，孩子收拾完书包，妈妈都会亲自检查孩子的整理情况：“孩子，你今天收拾书包得90分，做得好的地方是各科书本放得特别整齐，要注意的是所有的笔需要放进文具盒里，不要直接塞进书包。”然后，让孩子自己重新收拾好。后来，妈妈做了差不多一个月的追踪检查落实，现在孩子已经养成自己收拾书包的习惯了。

孩子不会整理书包，怎么办？

扫码获取音频，阅读更轻松

4. 孩子不主动做家务，怎么办?

家长困惑

“每次叫女儿去做家务，她都拖拖拉拉，不愿意去做。老师，怎么办？”

“我叫小丽去做家务，她就说要学习，没有时间做。有时还会说，‘总是叫我做，为什么不叫弟弟做？’老师，请给我支支招吧！”

“无论我跟儿子说做家务有多好，对他以后的生活有多大帮助，他总是说我好烦，说做家务又脏又累，不愿意去做。老师，该怎么办？”

……

孩子不主动做家务，怎么办？为此，我们综合多个案例，做了详细分析。

查找原因

（1）家长不重视培养孩子做家务的习惯

很多家长都知道要培养孩子做家务的习惯，潜意识里却都不会重视这件事，他们在内心认为家务都是粗活、脏活，都是一些无足轻重的琐碎事，不值得孩子去做，甚至觉得孩子长大了自然会做的。还有相当多的家长担心孩子做家务会耽误做作业的时间，得不偿失，所以孩子放学回来只要求他做作业。久而久之，导致孩子不爱做也做不好家务。

（2）孩子做家务，家长不放心

家长在要求孩子帮忙做家务的时候，总免不了担忧孩子会帮倒忙。这种担心无意识地通过他们那不耐烦的语气和态度透露出来，孩子就会觉得他的帮助是没必要的，反而增加了父母的负担。比如，孩子做家务的动作慢一点，家长就会表露出嫌弃的表情，尤其是当家长焦急的时候，老是说："算了，让我来吧，这个你做不了！"；家长在帮助孩子整理东西时，看到乱七八糟的玩具，会无意中说出"你看，我收拾得比你快多了，一点儿小事都做不好！"孩子听到这样的话，就更不愿意做家务了。长期下去，本来就非常敏感的孩子会认为打扫、洗衣服、晾衣服等家务，大人可以轻而易举地完成，让他们协助完成，只是想给他们一个表现的机会，实际上根本不需要他们帮忙，他们只需要把心思放在学习上。这样，孩子当然不会主动做家务。

（3）孩子有偷懒的天性

做家务不像玩游戏，做起来很累，枯燥而无趣，机械而缺乏变化，而且会耽误孩子做他感兴趣的事情，天性爱玩的孩子当然不愿意做。何况很多孩子是独生子女，从小受到家长无微不至的照顾，家务活基本不用做，意识不到自己是家里的一员，从而缺乏责任感。另外，随着年龄的增长，孩子学业压力越来越大，投入到学习的时间越来越多，就更无暇顾及做家务了。

解决策略

（1）家长应重视培养孩子做家务的习惯

做家务不但能磨炼孩子做简易、烦琐、重复事务的耐性，有助于锻炼孩子的动手能力、解决问题的能力，而且对孩子的身心健康帮助很大。正确指导孩子学做家务，可以让他从小就意识到家庭的责任，懂得家务不是只有爸爸妈妈应该做的，而是家庭每个成员的责任。这样，孩子才会变得更加愿意付出自己的劳动，学会承担责任。如果孩子不情愿做家务，家长也不必逼着他做，硬性强迫反而让孩子越发叛逆，我们可以尝试召开一个家庭会议，与孩子商量，选择承担一两项家务活。

很多家长都会用零花钱来鼓励孩子做家务，这个做法值得商榷，因为过多使用金钱来促使孩子做事，时间长了，孩子就习以为常，只会用得到的报酬多少来权衡自己的劳动量，从而忽略了家庭责任的意义所在。

（2）多给孩子劳动的机会，父母不能事事代劳

随着孩子年龄的增长，孩子力所能及的事情会越来越多，这时，家长千万不能事事代劳。让孩子帮忙做家务时，任务不能模糊，要让孩子清楚要做些什么事以及如何做。比如父母吩咐孩子把袜子洗干净，就要亲自将整个洗袜子的过程一步步地示范给孩子看，浸泡、搓洗、漂清、晾干，父母要一边耐心细致地给孩子讲解操作要点和注意事项，一边手把手地教，再慢慢放手让孩子独自动手操作。这样，孩子就有了明确的做法，从而增强孩子做家务的欲望。

（3）及时给予孩子肯定和鼓励，让孩子体会劳动的快乐

孩子一开始做家务的时候，多半会比较粗心大意，这个时候，父母不能苛求，要鼓励孩子勇于尝试。当孩子做好一项家务时，父母应及时给予表扬和鼓励。有效的鼓励不仅仅是说“你真棒”，而是要表扬孩子做事的态度或取得的进步。比如，夸奖孩子把袜子洗得很干净，可以这样说：“你把脏兮兮的袜子洗得这么干净，一定洗得很认真！”孩子把桌子擦得一尘不染，父母也可以给孩子一个满意的微笑或者一个温暖的拥抱，主动跟孩子说声“谢谢”“擦得真干净”等。这些表扬都可以使孩子倍感欣慰和骄傲。孩子能从做家务中获取成就感，体验到劳动的愉悦，就会主动做家务。

案例追踪

丁丁读六年级了，学习成绩很好，但他的妈妈发现，孩子对做家务不感兴趣，而对学习成绩很关注。除了有升学的压力，因为学习成绩一直名列前

茅，丁丁觉得很有成就感，在班上有很多同学追捧，也能得到老师的喜欢。但是，做家务又脏又累，也没有成就感，所以丁丁从不主动做，每次都是妈妈强烈要求了才做，始终没有养成主动做家务的习惯。丁丁妈妈听取了我们的建议后，尝试这样做：

定期开家庭会议，明确分工

每个月的最后一个星期六晚上8：30开家庭会议。全家人都要参加，这次丁丁当主持人，爸爸妈妈负责统筹、规划会议的议程。第一次家庭会议开始啦！

丁丁开心地说："祝贺我们家第一次家庭会议正式开始，这次会议的主要内容是制订家务分工表。"

妈妈拿出一张纸，罗列出一天之中需要做的家务，爸爸在一旁边听边看。

爸爸温和地说："我们都是家里的一分子，每一个人都应该为这个家出一份力。丁丁，你来分配家务吧！"

丁丁想了想，点点头，认真地回答："嗯！我负责饭前摆碗筷、饭后擦桌子吧！……"

妈妈莞尔一笑，说："丁丁长大了，会帮忙做家务了！"

丁丁不好意思地笑了。

设计表格，比赛做家务

根据家务分工表，妈妈跟丁丁一起设计了"家务记录表"。每天晚上，全家人都会根据自己完成家务的情况如实填写，做得好就打"R"，有完成但完成情况一般的就画"◎"，如果没有完成就打"Q"。每个月的家庭会议都会总结上个月的情况，指出不足，及时改正。

不妥协，坚持就是胜利

丁丁刚开始的半个月能主动摆碗筷和擦桌子，后来就有点不耐烦了。

丁丁嘟着嘴，说：“每天我都要摆碗筷和擦桌子，真没意思！”

妈妈温和地说：“每天都做这些，你感到很无聊，是吗？”

丁丁点头说：“是呀！”

妈妈引导：“那你想做哪些家务呢？”

丁丁摇头，说：“我也不知道。”

妈妈继续耐心引导：“每天都做一样的家务，我也觉得无聊，但这些都是我们必须做的。”

这时，爸爸过来拍拍丁丁的肩膀，坚定地说：“把简单的事情认真做好，坚持到底就能胜利。”

丁丁听了，不由得脸红了。

爸爸鼓励道：“这半个月以来，你摆碗筷越来越快了，擦桌子越来越干净了，这些进步爸爸妈妈都看在眼里。其实，做家务和学习一样重要，你的学习这么好，相信你也能做好家务。”

丁丁沉默了一会儿，坚定地说：“好！”

爸爸妈妈露出了会心的笑容。

当丁丁养成主动摆碗筷和擦桌子的习惯后，渐渐地，他也主动做其他家务了。好习惯的养成至少需要21天的坚持，所以请家长一定要坚持到底。

孩子不主动做家务，怎么办？

扫码获取音频，阅读更轻松

5. 孩子爱说脏话，怎么办?

家长困惑

“老师，我最近发现儿子说话时会带上一两句脏话，提醒他不要再讲，但没有效果，怎么办？”

“我家孩子上了三年级后，说脏话的情况越来越严重。我告诉他说脏话不文明，他竟然反问我，‘如果说脏话不文明，为什么爸爸经常跟朋友说呢？’老师，我该怎么办？”

“老师，我家孩子自从学会上网以来，很喜欢把网络上的不雅用语学过来。我禁止他说脏话，但他的同桌跟我反映，他在班里还是会说，我该怎么办？”

……

孩子爱说脏话，怎么办？为此，我们综合多个案例，做了详细分析。

查找原因

（1）受语言环境影响

父母是孩子的第一任老师。但有些家长，在与人交流时，会习惯性地说些脏话，孩子听得多了，便会吸收下来，并在实际生活中模仿使用。孩子上学后，会接触到来自不同家庭的同学和朋友，这些同学和朋友当中，如果有爱说脏话的，相处的时间长了，孩子也会把对方的脏话模仿过来。现在的网络、电视、广告等媒体，特别是某些手机App，对评论者的评论不加筛选，弹出的评论带有大量的敏感词语。面对这种弹幕和评论，需要有较强的判断和辨别能力，而小学生恰恰缺乏明辨是非的能力，所以他们容易“照猫画虎”地说起脏话来。

（2）好奇贪玩，渴望被关注

孩子刚开始说脏话，大都处于模仿阶段，对所说的脏话可能并不清楚其真正的意思。他们可能是因为好奇，或者觉得这样的说话方式有趣。如果家长对孩子刚说脏话的行为过于关注，如苦口婆心地讲道理，那么孩子就会产生这样的想法：说脏话会让爸妈关注我，并和我好好说话。于是，当孩子想引起家长的关注时，便会使用“脏话”这个高能道具。这样一来，孩子可能就会出现道理讲过千万遍，脏话还是照样说的现象。

（3）发泄情绪

孩子心里产生不满、愤怒等不良情绪时，刚开始可能并不知道怎么宣泄。可当他们发现说脏话不仅会让对方不舒服，还能帮助自己宣泄情绪后，就可能会选择使用这些难听的词汇来刺激或者报复对方。比如，当看到别人有不会做的事需要他帮忙时，他可能会很不耐烦地说：“真是蠢猪，这么简单都不会做！”；当有人做了惹他生气的事，他不想看见对方时，他可能会说：“你给我滚开！”

解决策略

（1）净化语言环境

父母一直是孩子的模仿对象，父母的言行会在潜移默化中影响孩子。因此，想让孩子不说脏话，父母首先要以身作则，给孩子树立一个好榜样。父母也要对孩子交往的朋友进行适当的了解。如果发现这些朋友当中有说脏话比较严重的，或者有孩子说脏话的模仿对象，父母就必须及时引导孩子，比如可以跟孩子说："妈妈发现你自从跟那位朋友一起玩后，说话变得不文明了，我为此感到很担忧。同伴的影响力很大，所以，妈妈建议你跟朋友约定，大家以后都不要说脏话了。如果你的朋友不听劝告还是经常说，可能你就要跟他少接触一些，才能少受不良影响。"

在此基础上，家长可以跟班主任沟通，寻求班主任的帮助。比如：建议班主任通过主题班会等契机，对孩子进行文明用语的教育；通过"脏话回收站"，轮流做"文明用语督察员"等有趣的方式，帮助孩子远离脏话，形成文明的班级语言环境。如此进行家校合作，那么"1+1"的教育模式效果就会大于"2"了。

另外，家长要对孩子使用网络等媒体进行干预，了解孩子的上网习惯并定期进行排查，和孩子一同探讨网络资源对我们的影响及制定网络使用规则，教会孩子辨别网络不文明语言。家长可通过以上方法，净化孩子的语言环境。

（2）平静看待问题，共同订立规矩

如果孩子模仿性地说脏话，家长应该平静地看待这种现象。毕竟，过激的反应并不能解决问题，反倒会强化孩子说脏话的行为。我们要平和地告诉孩子，说脏话是不文明的行为，以后不要再说了，并向他解释"脏话"的含义，询问孩子如果别人也这样对他说话，他的感受是如何，通过换位思考，让孩子明白原来说脏话会伤害他人，从而体会说脏话带来的自然后果。

无规矩不成方圆。如果孩子说脏话已经成为习惯，我们可以通过立规矩的方式来纠正孩子的不良习惯。一旦规矩制定好，就必须温和而坚定地执行。必要时，还要配以适当的惩罚措施，让孩子在遵守规矩的同时，学会管理自己的言行。比如父母可以和孩子以平等的身份互相监督，如果谁说了脏话，就罚站15分钟或罚洗碗一次等。

（3）接纳孩子的不良情绪，教孩子更好地表达

如果孩子已经有意识地用说脏话来发泄自己的情绪，就会特别容易因为心里不舒坦而在大庭广众之下使用脏话来骂人，这时父母往往会觉得这是非常丢脸的事情。尽管如此，父母也不能因此而在众目睽睽之下训斥孩子。因为这

种“以骂制骂”的教育方式永远都是在做坏的榜样。此时，父母应该关注并且理解、接纳孩子的情绪，教会孩子如何更好地表达。比如，“我知道你现在很生气，但说脏话并不是男子汉的行为，我建议你这样说……”；“他这样做确实让人不高兴，但你用不文明的语言骂人是会伤害到别人的。我们一起来想想，能不能把这个词语换成其他的呢？”

同时，父母也可以帮助孩子寻找发泄情绪的替代方式，如短暂的哭泣，拥抱一下信任的人，和父母或同伴诉说等。这样，孩子就不会只想到用脏话来表达不良的情绪了。

案例追踪

起初，小正只是出于好奇而模仿别人说脏话。妈妈发现后，对小正进行了苦口婆心的教导，但讲道理并没有把他说脏话的坏习惯扼杀在萌芽状态，相反地，他的脏话越说越多了。于是，妈妈便改用责备、命令、威胁甚至体罚的方式来处理，非但没有起到任何作用，而且情况越来越严重。最后，小正的父母向我们求助，他们按照我们的建议这样做：

父母以身作则

一天，小正因为找不到作业本又说了一连串的脏话。

爸爸平静地对小正说：“我知道你找不到作业本心里很着急，但说了脏话后，你心里的着急就没有了吗？问题就解决了吗？”

小正摇了摇头。

爸爸拍了拍小正的肩膀，接着说：“爸爸听了妈妈的话，最近也在反省，我确实给你做了一个很不好的榜样。说脏话的确很不文明，也影响形象。从现在开始，我不再讲脏话了。小正，你能和爸爸一起努力吗？”

小正见爸爸带头表决心，也爽快地答应了。

制订家规

刚开始几天，父子俩还是能做到一句脏话都不讲，但第四天，小正便忘了约定，又说脏话了。

为了让小正更好地坚持下来，并最终形成习惯，小正一家便针对这个问题召开了家庭会议，一起制订了家规：要好好说话，文明用语。谁说一次脏话，谁就要负责洗碗一次或拖地一次。

在执行家规的过程中，虽然小正和爸爸都被罚过洗碗和拖地，但他们说脏话的情况越来越少了。

的确，只要家长给孩子做好榜样，孩子就会跟着学。好家风，与文明有礼同行！

孩子爱说脏话，怎么办？

扫码获取音频，阅读更轻松

6. 孩子偷拿家里的钱，怎么办?

家长困惑

“老师，我女儿总是偷偷拿家里的钱，批评了很多次，但是没有效果，怎么办？”

“我们平时都给孩子零花钱，但他还会偷偷地拿，我真的不明白。”

“我家孩子总是拿家里的钱，每次问他，他总是支支吾吾的。老师，我该怎么办啊？”

……

孩子偷拿家里的钱，怎么办？为此，我们综合多个案例，做了详细分析。

查找原因

（1）“物品所有权”意识不清

不少父母对“物品所有权”认识不足。不征求孩子的意见就随意使用孩子的东西，因为他们认为孩子的东西都是自己买的，拿走也没什么。这样下去，孩子就会模仿父母，认为家里的所有东西都是可以随便拿的，只有拿家里以外的东西才叫“偷”，尤其是中低年级的孩子，他们对“物品所有权”的概念更模糊。这样一来，孩子就会养成随意拿父母钱的坏习惯。

（2）父母给孩子零花钱没掌握好“度”

有的父母不给孩子零花钱，这是不合理的。孩子需要零花钱去买零食、玩具、文具等，当孩子的某些物质需求得不到父母的满足，而孩子又无法控制自己的欲望时，在家里偷拿父母钱的行为就有可能发生。相反，有的父母每次给孩子的零花钱较多，但他们没有教育孩子养成正确的金钱观念，孩子养成了花钱大手大脚的消费习惯，一旦钱不够用，孩子在向父母“追加”零花钱无效的情况下就会去偷钱。

（3）孩子的延迟满足能力不足

小孩子想要东西往往是很冲动的，如果提出的要求能够被及时满足，孩子就感到很开心。但如果父母说等等再买，孩子会感觉受挫、不开心。现在生活条件优越了，许多父母总是让自己的孩子处于“即时满足”的状态，孩子刚提出要求，父母立刻就去满足。譬如孩子想要玩具，父母立刻就去买，父母晚一点去买玩具，孩子就会发脾气。其实这些都是孩子延迟满足能力不足的表现。这些孩子不能很好地控制自己的欲望和学会等待，如果父母没有及时给零花钱去买东西，那么孩子就会想办法偷钱来及时满足自己的欲望。

（4）孩子的攀比心理

孩子之间在闲聊或玩耍中，会比较玩具、用品、零食等。当看到其他孩子拿一样东西来炫耀而自己没有时，有些孩子就会感到自尊心受到伤害，就会不甘示弱地吹牛说自己也有。为了不失自己的面子，一回家就向父母索取。如果孩子向父母提出要求被拒绝，或父母不能满足他的要求，孩子就有可能去偷钱买类似的东西，甚至是更高档的东西，然后回到其他孩子面前展示和炫耀，以获得心理平衡与自尊心。

解决策略

（1）教会孩子正确的“物权”概念

父母要教会孩子正确的“物权”概念，要教会孩子“你的”“我的”“他的”这些概念。例如，要教会孩子什么东西是爸爸的，什么东西是妈妈的，什么东西是自己的，不属于自己的东西不可随意拿。以手机为例子，手机的主人是妈妈或爸爸，不是孩子，所以，孩子要用手机时要征询父母的意见。

很多孩子偷拿钱是因为家长没有妥善保管自己的钱币。家长要保管好自己的钱，不能将自己的钱乱放，尤其不能放在显眼的地方，要点清自己的钱的数量。若孩子偷拿小面额的钱，而家长又没有发现，这样孩子会一次又一次地拿家里的钱。

（2）设定零花钱机制

父母可以跟孩子立下约定，每个月给定额的零花钱，这些零花钱可以合理支配。当零花钱用完了，但是孩子还想买其他的东西时，可以咨询父母的意见。若父母同意了，则可以多给一点零花钱。如果出现没有咨询父母而偷拿家里钱的情况，父母则可以把下个月的零花钱没收。家长要与孩子沟通好用钱的规则，每笔花销都要告知父母。如果父母不在，而孩子又急着用钱时，可以给父母写留言，并在事后告知父母。

（3）培养孩子的延迟满足能力

对孩子延迟满足能力的培养十分重要，尤其是针对那些因为自身的一些需要得不到满足或禁不住物质的诱惑而产生偷拿东西行为的孩子而言。延迟满足就是我们平常所说的“忍耐”，是为了将来获得更大的享受而克制自己的欲望，放弃眼前的诱惑。在孩子很小的时候，就应该有意识地培养延迟满足能力，比如孩子吃的东西很烫，但是又想马上吃到，这时父母就可以耐心温柔地对孩子说，东西很烫，需要等待一会儿才能吃。父母用语言去安慰孩子，能够稳定孩子的情绪。再譬如当孩子发脾气向父母提出买玩具的要求时，父母可以告诉孩子等他不发脾气，能够冷静下来的时候再去买，或者提出让孩子完成某件事情再给予满足。当孩子提出要求时父母不应该立刻去满足，这样难以培养孩子的延迟满足能力。当然，孩子等待的时间不宜过长，这样也不利于培养孩子的延迟满足能力。

（4）正确对待攀比心理

小孩子希望得到更多关注，得到别人的关注就会产生优越感，而这种优越感就是孩子对物质需求的起源，所以自然就会产生攀比心理；孩子一旦没有了这种优越感，容易形成自卑心理，所以家长在能力范围内可以合理满足孩子对物质的需求，让孩子减少这种自卑感。家长还可以鼓励孩子多从其他方面来弥补心理落差，比如引导孩子努力学习。当孩子在学习上取得成就感，自然就会降低对物质的要求，因为他的关注点已经发生了转移。

在日常生活中，家长要适当降低自己对一些名贵奢侈品的欲望，只有自己做到了，孩子才不会跟风，让家庭形成一种良好的氛围。

案例追踪

小童读四年级，每月妈妈给她一定的零花钱，但她总是很快就用完，然后就偷拿妈妈放在床头柜里的钱。妈妈一旦发现小童偷拿钱就会批评她一顿，但小童还是会再犯。妈妈十分担心，向我们咨询。她按照我们的建议这样做：

妥善保管自己的钱财

小童妈妈和爸爸商量，以后把钱包统一放入带锁的抽屉里并锁好，不给孩子创造偷拿钱的机会。

了解偷拿钱背后的原因

周六晚饭后，爸爸妈妈和小童一起开了一个家庭小会议。爸爸宣布本次会议主要商讨不能随便拿家里钱的事。爸爸说：“家里的钱是爸爸妈妈辛苦赚来的，只有爸爸妈妈才有支配权和使用权。小童，作为孩子你要用钱，一定要事先征求爸爸妈妈同意才行。”

接着妈妈平静地询问：“小童，你有几次没经妈妈同意就拿了妈妈的钱，你能告诉妈妈是什么原因吗？”

小童看了看爸爸妈妈，低下头不吱声。

“你是怕爸妈责罚你吗？你放心，只要你自此以后不随便拿家里的钱，我们肯定不会追究你以前所犯的错。”

小童抬头望了望爸爸。

“你把真实理由说出来，我们不会责怪你。”妈妈说。

小童小声说道：“我的零花钱用完了，有时候我想买零食；有时候学校的本子用完了，需要买，但没有钱，所以我就偷拿了妈妈的钱。”

妈妈认真地说：“小童，如果你是需要钱买学习用品的话，你可以告诉妈妈，妈妈一定买给你。但如果是你的零花钱用完了，还要买零食、玩具的话，那就不可以，你要合理利用你的零花钱。”

小童点头答应道：“好的，妈妈，我一定不会再偷拿家里的钱了。”

后来，妈妈和小童一起把买过的东西罗列出来，发现孩子爱吃垃圾食品。妈妈告诉小童吃垃圾食品对身体不好，以后会买一些健康的零食放在家里。同时，妈妈也严肃地告诉孩子偷钱的行为是不对的，如果再出现会受到严厉惩罚。

小童妈妈按照以上的方法去做，经过一段时间，小童慢慢改正了从家偷拿钱的习惯。

孩子偷拿家里的钱，怎么办？

扫码获取音频，阅读更轻松

7. 孩子做错事不肯承认，怎么办？

家长困惑

“老师，我们家小子又偷拿了抽屉里的钱，但就是不肯承认。这样下去，后果不堪设想啊！怎么办？”

“唉，我家儿子太不让人省心了，昨天跟邻居家的小孩抢玩具，把人家推倒在地，大家都看见了，他却百般狡辩，不肯承认。老师，我该怎么办？”

“我家女儿脾气倔得很，做错事总是不肯承认，道理也讲过，打也打过了，可还是不改。老师，怎么办？”

……

孩子做错事不肯承认，怎么办？为此，我们综合多个案例，做了详细分析。

查找原因

（1）孩子觉得没面子

俗话说“人要脸，树要皮”。虽然孩子们很小，但他们和成年人一样爱面子。他们担心有更多人知道自己犯错，被别人嘲笑。尤其在外人面前，更是如此。比如家里来了亲戚朋友，孩子犯错，家长当着大家的面毫不留情地指责孩子。孩子要在客人面前承认错误，多没面子呀，所以无论怎样他都不肯认错。

（2）孩子害怕受惩罚

有些父母发现孩子做错事，往往无法克制自己的急躁情绪，即使孩子主动承认错误，有些父母也会没完没了地唠叨、抱怨，甚至暴跳如雷，对孩子一顿揍。这样会使孩子感到十分害怕。孩子再犯错时就会想：如果我不承认，就不会受惩罚了。于是，孩子就会绞尽脑汁掩饰，拒绝承认错误。

（3）父母没有做好榜样

父母是孩子的第一任老师。人非圣贤，孰能无过，父母也会犯错误。比如：父母答应双休日陪孩子去游乐场玩，结果工作忙没有兑现；钱包找不到了，冤枉孩子偷钱；等等。但有些父母在做错事之后，拉不下面子，没有向孩子承认错误，甚至根本不当一回事。当孩子做错事后，自然而然就会想：爸爸妈妈都不承认错误，我为什么要承认？孩子会有样学样，做错事也不承认。

解决策略

（1）注意教育场合，冷静聆听、沟通

父母要尊重孩子，在人多的场合，尤其在外人面前绝对不能批评孩子，可以先缓一缓，平复一下情绪，然后找一个安静的环境，像对待朋友一样，心平气和地与孩子沟通，认真聆听孩子解释。孩子觉得自己被尊重，自然愿意与父母一起去积极反思自己的行为，接受父母的教育，进而承认错误，改正错误。

（2）理性对待错误，合理表扬、批评

父母不要过分担心孩子犯错，要克制自己的急躁情绪。其实，如果父母处理得当，孩子是可以在犯错中成长的。在孩子犯错以后，不要急于追究错误的严重性，父母要有意识，此时最重要的应该是怎样帮助孩子正确对待错误、承认错误。切忌不经过仔细了解原由便严厉地质问孩子：“你知道错了吗？”父母应该告诉孩子：“假如你做错了什么，你诚实地告诉我，我会很高兴。”

用类似的话语给孩子安全感，然后给孩子时间和空间自己好好想一想，孩子紧张的神经就会慢慢放松，从而愿意把事情一五一十地说出来。

记住，父母要还原事情的细节，认真分析事情，弄清楚对错。如果孩子有做得对的地方，应该给予肯定，不要以偏概全，否定孩子。父母还要告诉孩子：犯错并不可怕，但犯错了不肯承认，这才是可怕的；只要敢于承认错误并愿意改正，就是了不起的。这样才能鼓励孩子说实话。对孩子做错的地方，父母要与孩子认真分析错因，如果是因为生理、心理原因或缺乏经验而犯错，应该宽容以待；假若是品德、行为上的一些原则性错误，就绝对不能迁就，要给予严厉的批评和适当的惩罚，让孩子学会承担。批评或惩罚不能简单粗暴，父母要与孩子共同约定惩罚的方式，并共同遵守。有了父母的尊重和信任，孩子才会有安全感，才会正视错误、承认错误。

（3）树立良好榜样，赢取孩子尊敬

父母与孩子朝夕相处，他们的言行举止都会对孩子产生影响。身教重于言教，作为父母要严格要求自己，在做错事后，要放下面子，主动承认错误，请求原谅，为孩子树立好的榜样。还要让孩子知道，每个人都不可避免地会犯错误，要是敢于承认自己的错误并积极弥补，才能得到他人的原谅。这样，孩子对父母的尊敬就会油然而生，对父母的教育自然更加心悦诚服。

案例追踪

小良是独生子，父母对他非常严厉。小良一旦做错事，爸爸就会暴跳如雷，斥责、打骂都是家常便饭。这导致小良做错事总是百般狡辩，从不承认，非常叛逆。起初，小良妈妈很是焦虑，向我们寻求帮助，与我们交流后，她明白了症结所在。后来，他们采用了我们提供的一些技巧，改进了教育方法。他们是这样做的：

静一静

一天，妈妈买菜回来，把钱包顺手放在桌面上，便到厨房做饭去了。后来，她发现钱包里的钱少了50元，便怀疑是小良拿了。想到孩子屡教不改，妈妈越想越气，想训斥小良一番，但转念又想到我们告诉她的，打骂解决不了问题。于是，妈妈深呼吸，让自己冷静下来，不再有生气的想法，而是想：孩子为什么要偷偷拿钱？是有什么需要吗？然后，她平和地询问道："小良，我钱包里少了50元，是你拿了吗？"

"没有呀！"正在写作业的小良回答，头也不抬。

"真的没有？"

"真的！"

这时，爸爸下班回来了，厉声道："最后问你一次，是不是你拿了？"

"不是！不是！你们为什么总不相信我！"小良大声嚷道，一手把桌面上的学习用品扫落在地。

爸爸见状气得青筋凸显，举起右手就要揍小良。妈妈连忙拉住爸爸往外走，尽量平静地对小良说："你先冷静一下，好好想想，希望你能告诉我们到底是怎么回事。"

人在暴躁的时候，往往很容易失去理智，做出伤害对方的举动。这样不仅不能解决问题，反而会火上浇油。这时候，先不要与孩子正面交锋，要缓一缓，等双方冷静下来才能更好地解决问题。

聊一聊

妈妈拉着爸爸在小区边逛边聊，希望爸爸能心平气和地与孩子交流，做孩子的榜样。爸爸的情绪才慢慢平静下来。

回到家里，爸爸主动向小良道歉："小良，对不起，刚才爸爸语气太重了！"

小良先是一愣，随即满脸歉意地说：“爸爸，我也不对，不应该发脾气，对不起！”

妈妈在小良身边坐下，拉着小良的手，说：“犯了错误并不可怕，知道自己犯了错误，并且拒绝承认，这才是最可怕的。敢于承认自己做错，真心悔改，是最了不起的。”

小良低下了头，双手不自觉地拧着衣角。爸爸拍了拍小良的肩膀，投以鼓励的目光。

小良咬了咬下唇，说：“同学们都有自己的零用钱，放学的时候可以自己买零食，他们叫我一起去，我都找借口拒绝了。我感觉很没面子，所以……那50元是我拿了。对不起，我以后再也不会这样了！”

后来，大家一起商量，达成了协议：如果小良表现良好，每个星期给他20元零用钱。

在心平气和的情况下，一家人用心沟通，亲子关系就会有所改善。小良感受到父母的尊重和信任，有了安全感，也有了承认错误、改正错误的勇气。渐渐地，小良变得越来越勇于承认错误了。

孩子做错事不肯承认，怎么办？

扫码获取音频，阅读更轻松

8. 孩子遇到困难就逃避，怎么办?

家长困惑

“老师，我家孩子已经三年级了，一遇到不会写的题目就乱发脾气，怎么办？”

“老师，快毕业考了，学习难度加大，女儿遇到一点点困难就找各种借口逃避、退缩，拖着不做作业，我和她爸爸都在犯愁！”

“我家孩子很怕背课文，一说要背课文就开始哭闹，看着他畏难的样子，我又心疼又焦虑。老师，该怎么办呢？”

……

孩子遇到困难就逃避，怎么办？为此，我们综合多个案例，做了详细分析。

查找原因

（1）孩子对困难认识不足

由于年龄和阅历有限，很多孩子不能正确认识和解决困难，也不敢勇于表达自己内心的想法，于是遇到困难就不自觉地表现出畏惧、痛苦、焦虑的情绪，选择退缩、逃避、拖延、哭闹等。

在日常生活中，有些父母遇到困难，首先想到的是别人的错，甚至怨天尤人。久而久之，孩子也沾染了这种不良习气，一旦遇到困难，就认为是别人的过错，不懂什么是反省、什么是承担。

（2）家长看重结果，不会教孩子查找原因

有些父母过分看重结果，往往不允许孩子犯错或失败。有些父母觉得孩子做什么事情都做不好，经常一边监督孩子学习，一边指责他们做题不仔细、书写不认真、坐姿不端正等。于是，在父母的长期压制下，渐渐地，孩子就会不自觉地给自己施压。如果长期达不到父母的要求，孩子就会很焦虑，这也是孩子遇到困难就逃避的原因。

（3）家长包办代替，孩子缺乏磨炼

在“中国式养育”中，往往一群人围着一个孩子转，舍不得孩子遭受丁点委屈，比如孩子写作业一遇到难题，父母就急着帮忙解决。最终的结果往往是，孩子的心智和能力都得不到发展，遇到困难根本不知该如何解决。

解决策略

（1）帮助孩子认识失败，正确对待困难

有些父母喜欢给孩子“画大饼”，比如孩子参加一个比赛，父母就拼命描述赢了会有多风光……其实这时候，和孩子说清楚“赢只是一种可能，输并不可怕”是很有必要的。就算到时候不能实现目标，孩子也不会感到特别失落或者觉得被父母欺骗。

在孩子遇到困难时，父母要先接纳孩子的情绪，表达共情和理解，比如“这次期末考试考得不好，你一定觉得很遗憾、很沮丧”，也可以通过抚摸、拥抱来安抚和鼓励孩子。待孩子情绪平静下来后，再进一步提升孩子对困难的认知，可以通过观看励志视频、阅读榜样故事等方式，努力让孩子认识到，每个人在不同的阶段，都会面临不同程度的困难，它是每个人成长过程中不可避免的一部分，也是促使我们不断强大、不断走向成功的一种驱动力。

（2）与孩子一起查找原因，分解步骤达成目标

“畏难”的孩子讨厌失败，但每一次困难与失败都是有一定原因的，如果能正确归因，就会增强孩子的信心。首先，父母可以与孩子分享自己战胜困难的成功经历，让孩子感受到自己面对困难时不逃避、不退缩、积极向上的信心和勇气。接着，耐心地帮助孩子把相对较大的困难分解成一个个容易达成的小步骤，让孩子先完成一些简单易获得成功的事情，体验成功的乐趣和荣誉感，这样一小步一小步地引导孩子、鼓励孩子不断去尝试更高难度的事情。比如考试考砸了，与孩子一起分析考砸的原因，是没有全面复习，作答不仔细，还是基础知识掌握不到位等，再根据分析出来的原因引导孩子一步步改进，以最终达成目标。

（3）在日常生活中，有意识地锤炼孩子

延迟满足孩子的愿望，鼓励孩子通过积极的挑战和努力实现自己的愿望，会让解决困难的过程更快乐、更容易。倘若孩子向父母索取某种东西，父母可以用孩子平常最为畏惧的某个困难作为挑战门槛。比如：孩子想吃零食，就得先完成作业；孩子想买衣服，就得完成一定量的家务；孩子想去游乐园，这段时间的学习表现就要良好；等等。通过这种有意识的日常生活的挑战来锻炼孩子们，让他们解决困难的能力和思维在不知不觉中提升起来。

案例追踪

小聪是个聪明伶俐的三年级学生，但是每次做作业遇到难题的时候，他就发脾气、哭闹不休、故意拖延。妈妈焦虑极了，总是批评、催促和唠叨，结果小聪越来越不爱学习了。小聪妈妈按照我们的建议这样做：

正确认识困难

放学后，小聪又一边写作业一边发脾气。

妈妈见状，关心道：“小聪，怎么了？刚才我看到你很认真地写作业呢！”

“太难了。”小聪小声说。

“你很着急，是因为你想又快又好地完成作业，对吗？”

“嗯。”

“遇到难题是很正常的，学习就像我们玩游戏打怪一样，消灭了怪兽，我们才能升级呢！”

分解困难

经过了解，原来小聪要完成一篇英语阅读理解，小聪看不懂，觉得太难了！

“其实做阅读理解就像侦探家破案一样，一开始看不懂很正常呢！我们可以根据题目的要求去文中找线索、找证据，最终把案子破了！”妈妈引导道，“你看看这个大案子，由几个小案子组成？”

“五个。”

“你先看第一个小案子，能在文章里面找到它的线索吗？”

小聪认真地阅读起来。很快，他就兴奋地说：“在这里！”

“太棒了！你一下子就破了第一个案子！”妈妈鼓励道，“你能把线索画出来吗？这样我可以更清楚地看到你的证据！”

就这样，通过看题目、找线索、画证据，小聪很快就破了其他几个案子。每破一次案，他就开心地向妈妈展示自己的破案线索与成果，这时，妈妈也及时给予鼓励，让小聪获得了充足的动力和勇气。

渐渐地，小聪感受到挑战难题的快乐，遇到难题就逃避的次数变得越来越少，他也更愿意尝试和挑战新事物了！

孩子遇到困难就逃避，怎么办？

扫码获取音频，阅读更轻松

9. 孩子不遵守规则，怎么办?

家长困惑

“老师，我规定我家孩子在9点前写完作业才能看电视，但是他写作业总是磨磨蹭蹭，有时很晚才写完，还执意要看电视，导致他休息时间减少、精神变差，真让我担心！”

“老师，我家孩子一看电视就停不下来，明明规定看一小时就得关掉，可是时间到了他还总是又哭又闹不肯关掉，真让人烦恼！”

“老师，我给我家孩子制订了规则，可是他总是遵守一段时间后就不能坚持了，这样下去没办法养成良好习惯，该怎么办？”

……

孩子不遵守规则，怎么办？为此，我们综合多个案例，做了详细分析。

查找原因

（1）家规含糊，或要求过高

家规是家庭教育的基础，但有些家庭一直没有明确制订规则，或者父母在制订规则时没有让孩子参与，也没有向孩子说明规则的具体内容。在孩子对规则一知半解的情况下，多数父母就期望并要求孩子按规定做好。而当孩子做得不好时，父母就很头疼，下意识地认为问题出在孩子身上，开始数落孩子。还有些父母在制订规则时，容易受到主观意识影响，想让孩子更快养成良好习惯，有些规则显得“急功近利”，一味追求高标准，忽视了孩子的实际情况，过于死板，没有灵活性。这样的规则对孩子提出了过高的要求，不仅达不到预期的效果，还极易打击孩子的自信，也不利于培养父母和孩子对规则的信任感。

（2）孩子自我控制能力差

自我控制能力是指在没有外界监督的情况下，能适当地控制、调节自己的行为，抑制冲动，抵制诱惑，延迟满足，坚持不懈地保证目标实现的一种综合能力。自我控制能力差的孩子，往往不能很好地遵守规则。比如：父母规定每天只能玩半小时游戏，但是规定时间到了孩子却根本停不下来；父母要求孩子写完作业才吃饭，可是孩子写作业不专心，拖拖拉拉半天写不完。

（3）父母执行家规不到位

有些父母在家规中严格要求孩子遵守规定，而自己却常在孩子在场时无视规则，没有给孩子做好榜样；有些父母则会在孩子无法遵守规则的时候轻易妥协，让孩子意识到父母可商量、无原则。在这样的情况下，规则这道防线很快就会被孩子突破。有些父母双方教育态度不一致，比如：孩子看电视时间已到，妈妈把电视关了，孩子哭着到爸爸面前哀求，爸爸就重新打开电视让孩子继续看。这样孩子就会认为规则是可以不遵守的，哭闹是达成心愿的有效手段，下次孩子再想看电视仍旧会以哭闹的方式争取，直到达到目的。

解决策略

（1）规则制订要科学合理，符合家庭实际

孩子是规则的执行者，制订规则时必须让孩子参与。规则内容要根据自家孩子的实际情况制订，多遵从孩子提出的可行意见，提高孩子的参与感。孩子的参与感越强，遵守规则的意愿度就会越大。达成具体的规则后，要白纸黑字记录下来，并让孩子复述规则，检查孩子对已制订的规则是否有正确的认

识，还需要说明奖惩制度，并把规则内容、奖惩制度贴到显眼的位置。当孩子不能按照规则做好时，父母就严格按照规则中的奖惩制度来处理。处理时，父母要注意控制自己的情绪，切勿说教、发火，更不要随意增减奖惩力度，让规则在孩子心中有地位、有威信。

（2）用他律代替自律

孩子的成长，离不开父母的陪伴。自我控制能力较差的孩子，通常时间观念比较差，在做事时往往意识不到时间的流逝。对于这类孩子，在规则执行的初期，父母可以借助钟表、沙漏等计时工具，增强孩子的时间观念，还要多花些时间陪孩子适应，正面引导孩子。比如：对于做事磨蹭的孩子，在他做事之前为他设置闹钟，并对孩子实行实时监督，及时提醒孩子。

（3）以身作则，坚持执行，持续跟踪

家庭规则最好是由全体家庭成员共同参与制订的，适用于家庭中的全体成员(包括父母)。父母是孩子的第一任老师，如果你要求孩子认真学习，远离电子产品，自己却整天拿着手机玩游戏，屡次打破规则，久而久之，在孩子心里，规则就会丧失说服力，失去权威性，他也会无视规则。所以在规则面前，父母首先要以身作则，做孩子的榜样。其次，一定要坚持执行规则，家庭成员统一战线，千万不能心软。比如在该吃饭的时候孩子不肯吃饭，那就提醒孩子：如果还坚持要玩，错过吃饭时间肚子饿了就只能饿着。过后切不可心软让孩子吃其他东西。一心软就前功尽弃了，不仅规则无法执行，而且父母的出尔反尔也会让自己再无威信，孩子会认为大人只是吓唬他，所谓的规则是可以讨价还价的。最后，父母要根据规则内容记录好孩子每天的表现，每周定时召开家庭会议，根据记录执行奖惩制度。会议上让孩子先自我总结，父母再补充需改进的方面，并和孩子一起重温家庭规则内容，鼓励孩子做得更好。

案例追踪

小熙是一个二年级的男孩子，他做事经常拖拖拉拉，完成一件事通常要比别人多花一倍的时间。为了帮助他改掉这个坏习惯，小熙妈妈为他制订了一系列规则。但在没人监督、提醒的时候，小熙还是会忘记规则，不能控制好自己做事的时间，或者干脆对妈妈制订的规则熟视无睹、明知故犯。为此，小熙妈妈很烦恼，甚至打骂他，但小熙的坏习惯却没有改变的迹象。在我们的帮助下，小熙妈妈这样做：

态度温和而坚定

在家庭会议上，一家人共同制订了规则与奖惩制度之后，小熙妈妈陪伴小熙一起适应规则，并对他实行监督。

一天放学，小熙妈妈给他设置了闹钟，并提醒小熙自己注意时间，抓紧完成作业。在做饭期间，妈妈发现小熙老毛病又犯了，磨磨蹭蹭，无心写作业，就提醒他注意时间。

两个小时之后，妈妈做完饭准备开饭了，却发现小熙语文作业只写了一点点，就对小熙说："小熙，你的作业没有写完，现在我们要吃饭了，你吃完饭之后继续完成，按照规则，今晚你就不能看电视了。"

小熙一听到自己晚上不能看电视，马上委屈地哭了，哀求道："妈妈，我知道错了，吃完饭我马上写作业，写完作业再让我看，好吗？"

妈妈有点心软，但还是坚定地说："妈妈知道你很想看电视，但是你没有在规定时间内完成作业，按照我们定好的奖惩制度，今晚你不能看电视。"

听了妈妈的话之后，小熙哭得更凶了，他想用哭闹的方式让妈妈妥协。

妈妈忍住想讲道理、想发脾气的情绪，对小熙说："你想哭就哭吧！妈妈先去吃饭了。”

小熙哭了一阵之后，意识到这个方法没有用，于是自己去吃饭了。

晚上，妈妈忙完之后，温和地对小熙说：“知道今天晚上你为什么不能看电视吗？”

小熙点点头，表示知道。妈妈趁机给小熙温习了家规，并鼓励小熙：“知错就改，妈妈相信你以后一定能做得更好！”

坚持总结

在每周的家庭会议上，妈妈会公布小熙一周的表现，让小熙自己说说需要改进的地方，鼓励他做得更好。小熙妈妈也会在他有所进步时及时表扬。在妈妈温和而坚定的坚持下，家规越来越具权威性了。

现在，升上三年级的小熙已经可以在钟表等计时工具的帮助下按时完成需要做的任务了。在小熙妈妈的坚持下，小熙的规则意识越来越强，违反规则的次数也越来越少了。

孩子不遵守规则，怎么办？

扫码获取音频，阅读更轻松

10. 孩子做作业拖拉，怎么办？

家长困惑

“老师，我家孩子做作业像蜗牛一样，总说自己的字写得不够好，要擦掉重写，抄写20来个生字都要花上一个多小时。”

“我儿子做作业特别拖拉，每天都要我催促无数次，但还要做到十一二点才能完成。老师，怎样才能改掉孩子的坏毛病？”

“我家孩子做作业时的小动作特别多，不是玩橡皮、玩笔，就是发呆。每天看到他这样写作业，我都快疯了！老师，怎么办呢？”

……

孩子做作业拖拉，怎么办？为此，我们综合多个案例，做了详细分析。

查找原因

（1）孩子注意力不集中，易分心走神

有的孩子做作业的时候如坐针毡，一会儿玩橡皮，一会儿咬手指，一会儿说口渴要喝水，一会儿又说要上厕所……家长往往因为孩子“坐不定”而守在旁边，但只要稍不留神或者一走开，孩子又会马上折腾起来。还有的孩子，尽管有家长坐在身旁监督而不敢离开书桌，但也照样走神，因为他们没有把心思放在作业上，而是过度地去关注家长的动态。很明显，这些都是孩子注意力不集中的因素。

（2）孩子过分追求完美

有些孩子对自己的要求特别严格，做作业更是过于追求完美。他们写作业时，不允许作业本上出现任何瑕疵，哪怕是一个笔画写得不够规范，都要擦掉重写，直到作业本擦破了，他们才善罢甘休。对于这种喜欢拿橡皮擦来擦去的现象，心理学上称之为“橡皮综合征”。患有“橡皮综合征”的孩子不是天生就这样的，可以说是他们的父母在无形中“训练”出来的。父母希望孩子做什么都完美，对孩子的作业要求过高，哪怕只有一丁点不够好的地方，都要求孩子擦掉重写。父母对孩子过高的要求，导致孩子对自己缺乏自信，同时也使孩子在潜移默化中形成了经常擦字的坏习惯。

（3）父母催促监控不科学

很多父母总是以成人的标准来衡量孩子做作业的快慢，看到孩子做作业慢，就会跟孩子说：“你再不做快点，就不够时间睡觉了！”“你怎么搞的，就这么点儿作业还要做到这么晚！”……在很多父母看来，这样催促在一定程度上可以让孩子加快写作业的速度。但是，父母这种带有批评、指责性的催促，会让孩子从中读出这样的信息：“在爸妈的眼里，我就是一个做作业拖拉的人。”也就是说，父母自认为好意的提醒或催促，其实是给孩子的拖拉行为做了负面强化，导致孩子做作业越来越拖沓。

与此同时，父母也会成为孩子的“人工闹钟”。在孩子的潜意识中会形成这样的观念：只要父母不催促我，就证明还有大把时间慢慢写。长此以往，孩子便会依赖父母的催促，也就无法对做作业的时间进行合理的安排了。

解决策略

（1）提供利于学习的环境，巧用提醒方式

父母要给孩子提供一个安静的学习环境，要简洁、整齐，尤其是书桌，不能堆放与学习无关的东西，就算是文具，也只需要准备要用到的就好。写作

业前提醒孩子喝水、上厕所等，以免影响做作业的专注度。当发现孩子在做作业过程中分心了，家长可以采用“非语言提醒”，如轻轻地敲敲桌面，轻轻地摸摸孩子的头等方式，来提醒孩子把注意力放回到写作业上来。

（2）重建孩子的信心

要让孩子告别“橡皮综合征”，父母不能以成人的标准来衡量孩子的能力。每一个孩子手部的肌肉发展是不一样的，特别是一年级的小朋友，他们刚学写字不久，家长更不能对他们提出过高的要求，所提的要求一定要符合孩子的年龄特点和实际水平。

家长可以让孩子采用“大目标小步走”的方法来逐渐减少对橡皮的依赖。例如，孩子在抄写一整面的生字前，家长可以先把生字任务平均分为五个部分，然后把橡皮拿到一边，让孩子先尝试写其中一部分，并努力做到一下都不擦。孩子可能会发现，就算没有橡皮，还是能够把这一部分作业完成得很好。在这种情况下，再逐渐把划分的内容增多。通过一段时间的训练，孩子便能轻松摆脱对橡皮的依赖了。

（3）培养孩子做作业的时间管理能力

时间感不强的孩子，很难规划自己的作业时间。建议家长在孩子每天做作业之前，引导孩子规划安排好做作业的时间。不妨询问孩子：“今天，你觉得完成所有作业需要多长时间？每项作业分别需要多长时间？中间需要休息多少次？每次多久？”家长要及时把孩子的规划认真地记录下来。其实，让孩子在每一项作业之间设立休息时间，目的是让孩子分段完成作业，将大目标划分成多个小目标，有利于孩子从写作业中获得成就感。

孩子每做完一项作业，家长就要及时告诉孩子实际的完成时间和预计时间的差距。例如：“孩子，你预计数学作业需要花30分钟，你实际用了60分钟，多用了30分钟。”通过家长及时的记录和反馈，孩子就能渐渐对自己的作业速度有一个感性的认知。每当发现孩子估算的时间跟实际完成时间的差距缩短了，家长都要及时表扬和肯定孩子的进步，从而强化孩子的成功体验。家长还需要跟孩子一起分析实际多用的时间是什么原因造成的，并一起寻找解决的对策。

案例追踪

小凡是一个五年级的孩子，做作业非常拖拉，老师布置的作业量并不多，但他每天晚上都要做到十一二点。小凡妈妈很着急，向我们求助，她按照我们给的建议回家这样做：

培养孩子做作业的时间管理能力

孩子准备做作业前，妈妈便心平气和地问孩子："孩子，今天老师给你们布置了哪些作业呀？"

孩子支吾了半天，说不出自己究竟要做什么作业。妈妈提醒他："翻看一下作业记录本！"小凡才反应过来，看了一下作业记录本，回答道："语文有一面练习册和预习第8课，数学有一面练习册，英语有抄写单词和听课文录音。"

"那你估算一下每一科作业需要的时间。"

"我想语文大概需要30分钟，数学需要20分钟，英语需要20分钟吧。"

"你打算先完成什么？再完成什么？每一科作业间打算休息多长时间？"

小凡想了想，回答道："我想先完成比较简单的数学，然后做语文的练习册和预习，最后再做英语。每科作业间休息5分钟吧。"

妈妈一边认真地聆听，一边说："孩子，你是会安排作业时间的。我帮你记录了下来。"记录好后给小凡确认。

"为了不影响做作业，你先把喝水、上厕所等作业前需要做的事情处理好吧。"妈妈微笑地对孩子说。

小凡做作业的过程中，妈妈认真地记录下她所观察到的情况，等小凡完成数学作业后，妈妈按停计时器，如实告诉小凡：“你刚才预计数学需要20分钟能完成，实际用了40分钟，多用了20分钟。期间，你发呆2次，玩橡皮3次，玩尺子2次，摸头6次。”

小凡从妈妈的记录反馈，得知自己实际多用了20分钟，也发现了主要问题。

“孩子，妈妈相信你待会儿做语文会有改善的！”妈妈拍了拍小凡的肩膀，表示对孩子的信任。

小凡完成语文作业后，妈妈再次按停了计时器，发现孩子实际完成的时间比估算的时间少花了5分钟，马上对孩子进行正面强化：“孩子，经过你的努力，这次实际完成的时间比预算少花了5分钟哦，期间，你没有发呆，只玩了1次橡皮，摸了2次头，已经有了大进步！”

在一次又一次的陪伴和训练中，妈妈让孩子真正成了时间的主人，作业拖拉的习惯得到了明显的改善。

孩子做作业拖拉，怎么办？

扫码获取音频，阅读更轻松

四　如何让孩子拥有良好的人际交往能力

父母是孩子的镜子，孩子则是父母的影子。孩子能否拥有良好的人际交往能力，有赖于父母后天引导和引领。

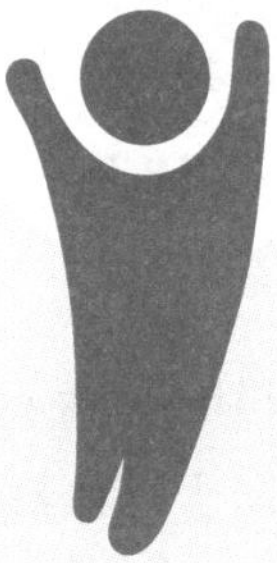

1. 孩子不懂得礼貌待人，怎么办？

家长困惑

“老师，我和女儿出去，每次见到熟人，都得我提醒她才叫人，她真没礼貌，怎么办？”

“老师，我家孩子总是不主动叫人，羞羞答答不够大方，该怎么办？”

“看到别人家的孩子落落大方，我家孩子有客人来了就躲到一边，也不会招呼客人。老师，怎么办？”

……

孩子不懂得礼貌待人，怎么办？为此，我们综合多个案例，做了详细分析。

查找原因

（1）孩子把握不好礼貌的规则要求

很多时候，孩子会把礼貌等同于见面打招呼，因为常常听到大人这样说：“要有礼貌，赶紧叫人。”“怎么不打招呼？这样没有礼貌。”我们想让孩子懂礼貌，都是从学会打招呼开始，这没有问题，但是，不应该总用这种即时事件来教育孩子。因为很多时候，孩子心中没准，或许不知道该如何称呼对方，不懂得怎么做才有礼貌。被父母这么一说，心中更没底，有的还会反抗。作为父母，如果想让孩子真正懂礼貌，就得未雨绸缪，提前教育孩子怎样的表现才是礼貌的体现。

（2）父母不考虑孩子的个性特点

每个孩子都是独一无二的个体，他们的个性不同，语言行为表现和心理反应就不同。对于生人、熟人，他们在礼貌方面的表现会因为亲密度的不同而有差异性，他们对人的礼貌表现也许会和大人所认定的“礼貌”有所不同。所以，如果父母仅以自己的看法去评判孩子的做法，心里往往就会有落差，就会认为孩子存在不礼貌的表现。

（3）父母没做到榜样示范

有的父母对孩子有礼貌方面的要求，但只是停留在“言传”，没有“身教”。而孩子无论是知识的学习、品德的学习还是技能的学习，都是从模仿开始的。假如他日常所见的父母的行为举止都是粗鲁的时候，他是很难成长为一个有礼懂礼的孩子的。

（4）父母批评教育方式不当起反作用

提醒孩子懂礼貌是父母应该做的，但有些家长喜欢正话反说，这样的教育方式明显不当。例如，一位妈妈带着孩子在小区散步，同住小区的一个阿姨走过来，热情地叫起孩子来。这时孩子只是微笑，后来在妈妈提醒下才小声叫了声“阿姨”。后面妈妈就说这个孩子这一年光长个头了，礼貌方面却没长，连叫人都得家长提醒。这位妈妈虽然只是打趣地说，但话语听起来就感觉是在反讽。这种做法本身就是不礼貌的，用带有讽刺的语气教孩子懂礼貌，这种教育方式是有失偏颇的。

解决策略

（1）让孩子了解和掌握礼貌待人的规则要求

想让孩子有礼貌，就得教给孩子礼貌的表现。比如打招呼方面：教孩子走在路上与熟人相遇时，要大方打招呼；如果是爸爸妈妈认识的人，看到爸爸妈妈在打招呼了，那么也要叫人。比如待人接物方面：教孩子当有朋友来家里时，要主动招呼朋友；如果朋友非常想玩大富翁游戏，而自己想玩其他游戏，在对待这种非原则性问题时，可以教孩子先同意玩大富翁，以增加一致性，后面再一起玩自己希望玩的游戏；等等。

（2）别强迫孩子用父母认可的方式礼貌待人

每个孩子的个性特征都不一样，我们不能要求他们的礼貌表现如出一辙。有的孩子个性腼腆，和生人见面时回以微笑，这其实也算是一种礼貌待人的方式，只不过和热情回应、热情招呼比起来，显得比较平静。如果家长不赞同这种礼貌待人的方式，可以在私底下或事后向孩子说明，怎样做才显得更有礼貌。这也是孩子能够接受的沟通教育方式，有利于他们下次遇到类似的情况时改进自己的做法。

生活中有不少孩子不喜欢跟父母一起出去，因为父母总是要求他们问候自己的朋友，而孩子却经常为称谓犯难。比如在孩子不知道该如何称呼对方的时候，父母应该容许孩子用注目、微笑的方式来表达自己的礼貌。

（3）做好示范，适时引导孩子

当有客人来访或与家人外出做客时，有些孩子就会紧张，父母可以主动向他人介绍孩子的情况，对孩子稍加夸奖和鼓励。如前面提到的那孩子，她见人微微一笑，后来妈妈提醒了才小声打招呼。一开始妈妈其实可以这样说："看，这孩子就是有点内向，太久没见面了她都不好意思热情回应了，平时她还是很讲礼貌的。"每个孩子听到这样的夸奖，自信感都会提升，礼貌表现自然也会提升。当然，如果孩子表现得好，父母要及时表扬，以期待让孩子变得更好。

（4）批评教育孩子要合情合理

父母是孩子的第一任老师，孩子是以父母为榜样学习为人处世的方法的。因此，父母纠正孩子的行为时要注意场合，也要注意自己的语调、语态，不要又凶又狠，也不要加以反讽，否则倒成了孩子学习的反面教材，责骂和反讽本身就是一种不礼貌的行为。父母对孩子的态度和父母自身的行为举止，会影响孩子日后对人的态度和行为举止。所以，父母在要求孩子有礼貌的同时，自己也应该时时做到礼貌待人。如果发现孩子有礼貌方面的问题，家长应以身示范，得体地指出孩子的问题，或过后再尝试沟通。这样的话，从家长身上，孩子也能学到礼貌的表现。只要多加引导，坚持做，孩子一定会知礼、有礼的。

案例追踪

依依读二年级，性格比较腼腆，有时和爸爸妈妈外出或家里来客人她会紧张，不知如何做才显得有礼貌。妈妈觉得依依这样会影响她的人际交往，咨询之后她明白有时候自己眼中不礼貌的孩子，并非真的不礼貌。在听取了我们的建议后，依依妈妈这样做：

及时肯定好的表现

那天，隔壁林阿姨带着女儿到家里串门。妈妈去开门，并叫房间里的依依出来。林阿姨看到依依走出房间，笑着说："依依越来越漂亮了。"

依依听到后微微一笑。

妈妈一边打开电视一边微笑地看着依依。

"阿姨好，妹妹好。"坐到沙发上的依依轻声问好。

之后妈妈拿出香蕉放在桌上，对依依说："来，依依，你来当小主人吧！"

依依先给了林阿姨一个香蕉，再递给妹妹一个香蕉，又给了妈妈一个香蕉，最后自己也拿了一个吃。

妈妈边吃香蕉边说："嗯，我们依依姐姐越来越有小主人的范了哦。"依依听了不好意思地笑了。之后的时间，她带着妹妹玩了起来。

改变提醒的方式

妈妈除了留给孩子礼貌待人的时间，多表扬肯定孩子的礼貌表现外，还应特别注意自己提醒的方式：有时是委婉地表达，比如在孩子忘记问候别人时说一句：“依依，你是不是忘记做什么啦？”有时是用动作代替语言，轻轻拍拍孩子的肩膀或握握孩子的手，示意孩子。当然，这些小动作提醒是妈妈和依依之间的秘密约定。

慢慢地，依依面对他人不再那么拘谨胆小，和别人打招呼、交流也更自信了。

孩子不懂得礼貌待人，怎么办？

扫码获取音频，阅读更轻松

2. 兄弟姐妹间总是吵架，怎么办?

家长困惑

“我家的两个儿子相差两岁，在家不是吵架就是打架，两个争着向我告状，太烦人了。老师，你说我该怎么办才好？”

“老师，我家的姐姐和妹妹总是吵，经常抢玩具，你不让我，我不让你，有时还骂人，我训斥过她们很多次了，但还是这样，怎么办？”

“老师，我家那三个小家伙，大的不让小的，小的又太霸道，什么都能吵上半天，整天吵得家无宁日，唉，真拿他们没办法，我头都痛了！”

“我家的两个孩子年龄相差虽然有6岁，但还是会吵。老师，怎么会这样呢？”

……

兄弟姐妹间总是吵架，怎么办？为此，我们综合多个案例，做了详细分析。

查找原因

（1）爱被“瓜分”，孩子没有安全感

老大从一出生就独享父母的爱，甚至是家里的“小霸王”。突然出现的老二不仅撼动了他独一无二的“霸主”地位，还迫使他必须与别人分享这份爱，而且他没有说“不”的权利，他当然没有安全感。试问，谁不想专享这份

爱呢？老二也想独占这份爱，但无奈一出生就有了老大这个强有力的对手，心里自然焦躁不安。即使他们拥有共同血缘，但在父母的爱面前，他们就是天然的“竞争者”。

（2）父母偏袒，争吵升温

父母都说养育孩子要一视同仁，但有时也会“口是心非”。兄弟姐妹间吵架，很多妈妈就会一口咬定是大的欺负小的，而且不容老大解释，并提出自认为十分合理的道理：“你是老大，弟弟（妹妹）年纪还小，你要多让让弟弟（妹妹）！”因为年龄大点就什么都要让着小的，老大的不满情绪就会越积越大，认为害自己被父母责备的“罪魁祸首”就是弟弟（妹妹）。而弟弟（妹妹）经常受到父母偏袒，心知肚明有什么事父母一定会庇护他，所以就算知道自己做错了，也不怕哥哥（姐姐）“投诉”，甚至会出现“恶人先告状”的情况。在父母多次的偏袒下，兄弟姐妹间的争吵就会不断升级。

（3）父母带情绪处理问题，导向不明

面对各种生活压力或正在忙家务的父母，看到孩子们吵得不可开交，就会非常暴躁，往往第一想法就是“太烦了！为什么又吵架？肯定又是为了芝麻点儿的事，怎么就不能懂事点呢？……”接着就是不分青红皂白，劈头盖脸地对孩子一顿骂：“你是哥哥，怎么就不会让让弟弟？弟弟，你是不是又抢哥哥的玩具了？你们是两兄弟，为什么就不能一起玩？不就是一件玩具吗？总是为了一点儿小事就吵架，烦死了！”一顿骂后，两兄弟都得不到理解，更分不清谁对谁错，感情更糟了，以后的争吵就会越来越多。

解决策略

（1）给予充分的爱，消除不安全感

孩子的安全感最初是从父母那里得到的，有安全感的孩子情绪稳定，能较好地融入兄弟姐妹这种关系中。父母要想孩子们关系和谐，只有在给予他们充分

的关爱，让孩子内心充满安全感的前提下，兄弟姐妹和睦相处才会成为可能，孩子们的内心才能消除不安全感，也就不会总是以吵架来争夺父母的爱了。

那父母应如何爱孩子才能消除孩子的不安全感呢？最重要的还是尊重孩子，比如：孩子有话要说或要解释什么，父母要做一个聆听者，让孩子表达完再发表意见，不要轻易评判下结论；孩子不想跟别人分享他心爱的玩具，父母千万不能强迫孩子分享，这跟抢他的玩具一样，也是不尊重孩子的表现；孩子在专注做一件事情时，不要随便去打扰他，叫他时，口气轻柔些；动用孩子的东西时，当然也应先征得他的同意……只有孩子得到充分的尊重，他才能学会尊重他人，包括自己的兄弟姐妹。如果父母给予孩子充分的爱，随着年龄的增长，他们之间的争吵就会越来越少，最终就能形成良好的关系。

（2）公平对待，爱不倾斜

兄弟姐妹之间发生摩擦，父母通常会把矛头指向年长的孩子：“你比他大，怎么这么不懂事？”难道就因为年纪大一些，就要受到不公平对待吗？同样，父母也不应该对年幼的孩子说：“你小，要听哥哥的话。”对待孩子要公平，要在生活中体现出来，让孩子感觉到。比如有绿豆饼和红豆饼，两个人都要吃绿豆饼，这时候要尊重孩子的想法，如果老大让步，就给老二，然后夸奖老大，相反也一样。如果两个人都不让步，可以把绿豆饼分成两半，一人一半。如果两个人不同意把饼分开，那都不能吃。总之，尽量一碗水端平，爱不能向一边倾斜。只有受到公平对待的孩子才不会对兄弟姐妹心生怨恨，争吵也会逐渐减少。

（3）保持理性，明确导向

兄弟姐妹之间争得面红耳赤的时候，父母如果不冷静，责骂孩子或是偏袒某一方，那情况只会越来越糟，所以这时父母一定要保持理性，冷静处理。兄弟姐妹吵架，父母可以先将他们分开，直到他们冷静下来，然后问清楚事情的来龙去脉，再判断是非对错，做到奖惩分明，这样才能向孩子传递正确的价值导向。

父母还要注意，千万不要以“为了这点小事就吵架”这样的话来结束孩子之间的争吵，因为父母眼中微不足道的事情，在孩子们的眼中却至关重要，重要到足以引起他们之间的“战争”。

案例追踪

涵涵是一名6岁的小姑娘，她的妈妈向我们反映，家里还有一个8岁的哥哥，兄妹俩经常因为玩具、零食等问题而吵架，有时还会演变成互骂“坏蛋”或者追、抢。妹妹经常向她告状说被哥哥欺负了，她就会训斥哥哥几句，哥哥就很不开心。久而久之，哥哥和妹妹的争吵就愈演愈烈，有时还会大打出手。涵涵妈妈听了我们的建议后，在处理孩子的争吵时都这样做：

先处理情绪，再了解事情

有一次，兄妹争看电视，妈妈一开始想：怎么为了看电视这种小事就吵起来了？哥哥怎么不让让妹妹？然后妈妈马上意识到对孩子来说，看电视并不是小事，这件事不能随便判断是哥哥不对。于是妈妈立刻做了个深呼吸，告诉自己不能生气，要冷静下来。

她先过去关掉电视，把两兄妹分开，平静地对他们说：“妈妈给你们2分钟冷静思考，你们先想想，刚才发生了什么事情？为什么要吵架？”

2分钟后，孩子们平静下来。

妈妈询问哥哥：“哥哥，刚才是怎么回事？”

哥哥说：“妹妹答应我看完2集就让我看的，但她说话不算数。”

妈妈问妹妹：“妹妹，是这样吗？”

妹妹点头。

分清对错，不偏不倚

妈妈认真地看着妹妹，坚定地说：“妹妹，既然你答应了哥哥，就应该遵守承诺，做人要守信用，明白吗？”

妹妹点头说：“嗯。”

妈妈对妹妹说：“那你做错了，接下来应该怎么做呢？”

妹妹向哥哥道歉，并把遥控器交给哥哥。

哥哥接过遥控器说：“没关系，我们一起看吧。”

于是两兄妹就一起看电视了。

只要冷静地了解清楚事情，理性判断对错，谁做错了，就要向对方道歉或接受适当的惩罚，绝不偏袒任何一方，兄妹间吵架就会越来越少。我们叮嘱妈妈，每次孩子争吵都千万不能认为只是一件小事，要建立好家庭规则，引导孩子认识自身的错误，学会明辨是非，这样孩子间就不会经常吵架了。

兄弟姐妹间总是吵架，怎么办？

扫码获取音频，阅读更轻松

3. 孩子不懂得关心父母，怎么办?

家长困惑

“老师，我家小孩已经是六年级的学生了，还不知道要关心父母，觉得我对他好是理所当然的，怎么办啊？”

“我家女儿已经10岁了，从不关心我，我病了，她都没有帮忙做点家务活来减轻我的负担。怎么办啊？老师。”

“别人都说，女儿是小棉袄，她已经读六年级了，爸爸生病住院了，叫她去看看，她居然不肯去。老师，这怎么办啊？”

……

孩子不懂得关心父母，怎么办？为此，我们综合多个案例，做了详细分析。

查找原因

（1）父母爱得失了分寸

父母爱孩子就像条件反射一样，特别是中国人固有的爱孩子的方式更是如此。父母在衣、食、住、行各方面都帮孩子安排妥当。比如孩子一上小学，就要求孩子全身心放在学习上，不用孩子做家务，上学送放学接，还陪做家庭作业，等等。孩子从小被溺爱，很少有锻炼的机会，就认为父母为自己做所有的事情都是应该的，久而久之，就都理所当然地接受了。还有些孩子属于“害羞型”，不太善于表达对父母的关心，而父母也认为孩子还小，长大后自然会孝顺，忽略了对孩子的感恩教育，导致孩子不知道关心是相互的，从而不会主动去关心父母。

（2）父母教育欠妥当

①家长没有以身作则。家长盲目要求孩子在不同方面做到最好，可是自己的行为跟对孩子的要求是相冲突的。比如我们希望自己生病时，孩子可以嘘寒问暖或者递水……可是，当我们的父母亲生病时，我们经常因为工作繁忙而忽略了对自己父母的细心照顾。

②家长没有抓住教育契机。教育无处不在，生活中有很多很好的教育契机。例如很多家长平时去探望老人时，没有带上孩子一同探望，有时带上孩子又没有利用好机会引导孩子具体怎样去关心亲人。

解决策略

（1）爱得有度，爱得有理

①让孩子学会分享。让孩子从小就学会与家人分享很重要。这些可以落实到生活的细节里，例如我们在吃橘子时，教育孩子先把橘子拿给爷爷奶奶吃，然后给爸爸妈妈吃，最后自己才吃。这样，孩子才不会独食，也愿意和家人分享自己心爱的东西。

②延迟满足孩子。尽管现在物质生活富裕了，父母也不能一味满足孩子的需求。倘若有求必应，时间久了，孩子就会觉得这都是理所当然的。父母要适当延迟满足，锻炼孩子的忍耐力，让孩子学会等待。例如当孩子想要买一双鞋子时，父母可以要求孩子做额外的家务，让孩子明白想要的东西必须通过自己的努力才能得到。这样，孩子才会更加珍惜得来的东西。

③放手让孩子做事。家长包办一切，满足的是家长爱孩子的心理，以为为孩子做得越多就是越爱孩子，孩子越容易感受到爱。其实，让孩子做力所能

及的事，这样孩子才有学习锻炼的机会，让孩子有责任感，学会担当，在生活体验中体谅父母的辛苦和不容易，知道要关心父母。

（2）正面教育，教有其法

①树立榜样。我们是孩子的父母，同时也是父母的孩子，面对年迈的父母，我们如何对待他们，小孩全看在眼里，就会模仿着做。例如：当家里老人生病时，我们要带他们去看医生，煲粥给他们吃；逢年过节，一家人一定要回到老家跟父母团圆，或者把父母接到身边；平时生活中，常回家看看父母，多嘘寒问暖；潜移默化，孩子自然也会这样做。日常可以多带孩子走走亲戚，或去老人院探访老人，用实际行动告诉孩子怎样说、怎样做才是关心别人。

②抓住教育契机。在平时生活中，有许多能引导孩子的契机，父母要好好利用，教会孩子感受爱，学会爱。例如，当孩子生病时，我们可以说："你舒服点了吗？""我小时候生病时，你的外婆也是这样无微不至地照顾我的。"然后问孩子："假如我生病了，你会这样照顾我吗？"。当父母不舒服时，可以重温以上对话，这也是一个很好的引导。肢体语言、心理暗示也是很好的教育，摸摸孩子的头，或者给予孩子一个拥抱。教育就是生活中的细节，让教育常态化，才是根本。

案例追踪

小毅是六年级的学生，家中独子，父母对他有求必应，他对父母却非常冷漠，从不主动关心，妈妈伤心的同时也感到无助。于是妈妈向我们咨询，她听取了我们的建议后这样做：

榜样先行，潜移默化

一天，妈妈对小毅说："小毅，我想我的妈妈了，你陪我去看望外婆，好吗？”

“妈妈，你又不是小孩子，怎么还黏着外婆呢？”

妈妈紧抓这次机会，动情地说：“天下的父母都希望自己的孩子关心自己。外婆老了，我长大了，但是在外婆心中，我永远都是小孩啊……我应该多回去看看外婆，外婆需要我的关心……”

小毅点点头，好像明白了什么……

身体力行，耳濡目染

妈妈还跟小毅一起加入了志愿者协会，第一次的活动就是探望老人。周末，小毅利用压岁钱，给每位老人准备了一份小礼物。在妈妈的安排下，小毅亲手把礼物送给老人家，大家都夸小毅是个懂事的孩子。

活动后，妈妈笑着说：“小毅，你知道我现在最想说的一句话是什么吗？老吾老以及人之老，幼吾幼以及人之幼！”

小毅拍拍妈妈的肩膀说：“妈妈，我是六年级的学生了，我知道了，我以后要做一个关心父母、关爱他人的男子汉。”

妈妈欣慰地笑了。

在以后的日子里，小毅妈妈反馈，小毅现在不仅主动帮忙做家务，爸爸打篮球意外受伤了，他也主动问候关心……小毅变得越来越懂事，懂得关心家人了。

孩子不懂得关心父母，怎么办？

扫码获取音频，阅读更轻松

4. 孩子越来越不爱跟父母说心里话，怎么办?

家长困惑

“我家孩子以前是个很开朗的孩子，什么事都喜欢跟我们说，可是现在变得越来越不爱和我们说心里话，怎么办，老师？”

“老师，我家大宝常常一副闷闷不乐的样子，问他怎么了又不肯说，真是急死人了……”

“老师，我发现最近我家孩子回到家就躲在房间里，看他好像有很多心事，但又不肯跟我们说，怎么办？”

……

孩子越来越不爱跟父母说心里话，怎么办？为此，我们综合多个案例，做了详细分析。

查找原因

（1）孩子独立意识增强

随着孩子年龄的增长和身心的发育，他们开始有了自己独立的思想，更愿意将自己的秘密和心事藏在内心深处，这是少年成长期（5～17岁）的一种正常现象。处于这一时期的孩子心理往往是敏感的，担心家长不能理解自己，害怕自己受到伤害，于是变得不敢与父母说心里话，这也是孩子自我保护意识增强的表现。

（2）父母的控制欲强，没有考虑孩子的意愿

大部分家长由于忙于工作忽略了孩子，没有及时关注孩子可能稍纵即逝的情绪，只是三言两语就打发了他们。即使有时家长在听孩子说，但也只是表面上附和，内心却完全按照自己的意愿安排孩子的大小事，认为“我是为孩子好！他们想要健康就得吃蔬菜，想要优秀就得上兴趣班……”。他们从没有问过孩子愿不愿意，开不开心。当孩子表达感受的权利被剥夺，失去选择权时，自然会将内心封闭起来，认为既然跟爸爸妈妈说了也是一样的结果，那还不如不说，消极接受。

（3）家长表达方式不当，引起孩子厌烦

孩子上学后，很多家长主要关注的就是孩子的学习问题，如每次考试之后，会拿自家小孩的成绩跟优秀的同学做比较：看你班里的小军又考了好成绩，你怎么就不努力呢？很多家长不会耐心地陪孩子分析试卷失分的原因，也没有看到孩子背后的努力和进步，不听孩子解释，总以自己的思维来评价孩子，然后用重复啰唆、带批判性的语言去“教育”他们。例如，当孩子作业没写完受到老师的批评，家长不是静下心来帮助孩子查找作业没写完的原因，而是“马后炮”般地指责：“早跟你说了，回家先写作业，你就是不听，作业写不完了吧，被老师批评了吧。”家长们可以试着回忆一下，当孩子做错事时，类似这样的指责，自己究竟说了多少。如果孩子经常接收到的是父母的冷言冷语，孩子肯定越来越不爱和父母说自己的心里话。

解决策略

（1）尊重，是拉近彼此关系的金钥匙

家长如果真的爱孩子，在遇到一件事情想责备孩子的时候，请先冷静下来。作为孩子最重要的老师，父母在处理孩子问题时一定要充分顾及孩子的自尊心。正处于成长阶段的孩子非常希望得到别人的尊重，特别是家里的父母、

亲人的尊重。如果把他们看成是“什么都不懂”的小孩，事事都为他们安排妥当才安心，以为这样孩子就可以少很多磨难，这是不对的。事实也告诉我们，孩子并没有像我们期望的那样成长。因此，当孩子不愿意和父母说心里话时，我们首先要反思在与孩子沟通的过程中是否做到了站在孩子的角度去理解孩子、信任孩子。

例如，表扬孩子时，可以当面表扬，也可以背后对亲友谈起，因为当孩子从别人的口中听到父母的夸奖，会觉得更光荣、更真实。而批评教育则尽量在私下进行，即使当着爷爷奶奶的面也不能随便说：“这孩子很不听话，不好好学习，问什么又不会说，特别不省心……”。如果在某一重要原则上你不同意孩子的做法或看法，就应该清楚明白地告诉他你不赞同他什么，有理有据，让孩子信服。平和地跟孩子聊一聊，你会发现孩子确实有在努力，因为所有的孩子都是很爱父母的，他们都想用自己的行动换取父母的赞赏，而不是质疑和批评。

（2）倾听，走进孩子的内心世界

倾听是最好的沟通方式。每个人都有强烈的倾诉欲望，特别希望有人愿意听听自己的心声，听自己发发牢骚、诉诉苦，孩子也不例外，家长要学会倾听孩子的心声。当孩子想要倾诉时，无论你有多忙，都应停下正在做的事情，将注意力放在孩子身上，看着孩子的眼睛，安静、专心地倾听，让孩子感受到你倾听的诚意。你还可以通过不时地点头或说“嗯……接着呢……你是怎么做的……”等来显示对孩子倾诉内容的关注。一边听一边从孩子的角度看问题，不要急于下结论和做判断，或对孩子的所有行为表现进行无端的批评和责骂，我们要做的就是接受和理解孩子的感受。例如，当孩子跟邻居小孩吵了一架，回来告诉我们他对小伙伴有多生气时，我们可以表示理解孩子的感受：“你一定很生气。”“可以告诉我们事情的经过吗……”父母要记住，教育孩子时也要提醒孩子不可以通过嘲弄或打人来表达他的生气。当孩子说完后，你可以简单复述孩子所表达的内容以及感受，再说说你的看法。让孩子说说自己的心里话，耐心地倾听，站在孩子的角度倾听孩子的内心，从孩子所在的高度去看他们的世界，就能走进孩子的内心世界。

（3）理解，打开孩子紧闭的心扉

孩子在成长的过程中总会遇到各种各样的问题，因此，当孩子选择沉默时，父母不要胡乱猜测或穷追猛问。首先要学会理解孩子，可以关注情况的发展，确认影响孩子情绪的因素，父母还可以通过耐心细致的沟通来帮助孩子。这样孩子才会和父母有健康而顺畅的沟通，增进了解，彼此感情融洽，才能更好地处理问题。当然，偶尔的情绪问题可以让孩子自己去化解。如当孩子不说话时，父母不要一味地追问或过分强调，换种方式和他们沟通，一起轻松地做点别的事，可以先从无关紧要的事入手，逐渐打开话题。比如："早餐想喝粥还是吃云吞？""周末放假咱们全家去海洋馆还是动物园？"除了语言沟通，我们还可以利用鼓励的眼神、柔和的表情、安慰式的动作去传达关心爱护，等孩子慢慢消除了戒备，也减缓了焦虑，放松了心情，再用家人之间轻松聊天的方式沟通发生的问题。"事情解决得怎么样了？谁都会遇到类似的问题，爸爸妈妈会永远支持你、相信你的！"相信在其乐融融的氛围中，孩子一定会与家长自然地倾诉烦恼和小秘密。

案例追踪

小西是个性格开朗的女生，喜欢跟父母分享交流自己的心事。可慢慢地，小西爸爸发现小西开始变得沉默了，刚开始他以为这种现象只是暂时的，可后来小西越来越沉默寡言，父母问她，她都是敷衍回答，再追问，孩子就厌烦了。小西的爸爸向我们求助后，我们针对孩子的行为探讨了背后的原因，建议他采用上述对应方法，小西爸爸也落实到生活中：

关注与尊重

这一天，爸爸看到小西满脸心事地回到自己房间，私下找妈妈问：“小西这段时间看起来都是一副闷闷不乐的样子，你知道是怎么回事吗？”

妈妈也是一头雾水：“她没找我说，已经有两三天了，看来她可能没办法自己解决，我们去试探一下，看是什么情况，需不需要我们帮忙。”

“小西，最近你好像不是很开心的样子，是发生什么事了吗？”小西爸爸走进小西房间，坐在小西旁边，看着小西问道。

“哪有什么事，没有！”小西有些不耐烦。

“这样啊，好吧！对了，周末咱们全家去外面散散心呗！你有想去的地方吗？”

“最近爸爸妈妈忙，没有顾到你，如果你有问题可以提出来，看爸爸妈妈有没有能帮上忙的地方。”妈妈引导道。

小西变得沉默寡言应该是有原因的，所以，当发现小西出现问题时，父母首先接纳并关注小西的情绪变化，如果只是偶尔的情绪问题（例如与同学闹别扭，没做好被老师说了两句等），可以让小西自己去化解。

倾听与支持

在父母的耐心引导下，小西终于打开紧闭的牙关，对父母说出自己越来越不爱和他们说心里话的原因：“我觉得你们不够尊重我的决定，我都已经那么大了。你们上次也问我去哪玩，还说我指哪就去哪，我说想去海边，结果去了山里！既然你们都已经决定好了，为什么还要问我意见，不说不就行了！”小西有些难受，“像这样的事例不是一次两次，是很多次了……”

“原来是这样啊，对不起，是爸爸妈妈没有顾及你的感受！”看着小西的眼睛，爸爸妈妈真诚地说道，“事实上，之前咱们说去海边，爸爸妈妈不是不想带你去，你还记得吗？当时刚好碰上刮台风，海边不安全，所以才改去了山里。爸爸妈妈是充分尊重你的意见的。这样，这周末天气不错，我们就去海边吧，补回上次的。”

“好，这是你们说的哦，说到要做到。”小西开心地说。

“嗯，如果下次还有问题，我们可以摊开来说，爸爸妈妈才知道该怎样帮助你。”妈妈抱了抱小西。

小西点点头：“知道了！”

父母的理解和开解让小西意识到爸爸妈妈其实一直都在背后默默地关注和支持着她，慢慢地，小西又回到了原来爱跟父母说心里话的状态。在父母的引导下，小西遇到问题时也会主动征询爸爸妈妈的意见。

孩子越来越不爱跟父母说心里话，怎么办？

扫码获取音频，阅读更轻松

5. 亲子沟通不顺畅，怎么办？

家长困惑

“今天，我家女儿又为了一点小事跟她爸爸闹翻了。老师，怎么办？”

“老师，我感觉跟我家小子说话，不大声吼，他都没反应的，怎么办？”

“老师，我家孩子以前很听话的，也不知怎么啦，现在我说什么，他都不喜欢听，总是跟我吵嘴，怎么办？”

……

亲子沟通不顺畅，怎么办？为此，我们综合多个案例，做了详细分析。

查找原因

（1）父母言而无信

父母说话不算话，答应孩子的事情总是没做到，久而久之，孩子便不再信任父母。一旦孩子对父母失望到一定程度，孩子就不会和父母说心里话了，这就导致父母和子女之间的相互沟通出现问题。

（2）父母总拿别人家的孩子来对比

其实，这都是很多父母的通病，他们以为这样可以激励自己的孩子更加努力。但事实上，这不仅会适得其反，还伤害了孩子的自尊心，使孩子感到特别委屈，从而产生叛逆心理，进而出现亲子沟通不顺畅的现象。

（3）亲子双方沟通不合理

在日常生活中，有相当多的家长与孩子的争执往往都是由一些鸡毛蒜皮的事引发的，因为双方都习惯以抱怨、指责的方式来交谈，都希望别人改变、让步，以为这样事情就可以解决了，根本不懂将心比心、换位思考。

还有些家长高高在上，动不动就训斥孩子，甚至在公开场合大声斥责、命令孩子，想当然地认为孩子就应该听大人的话，完全忽略了孩子的内心感受。其实，孩子也希望自己能在公众面前有个好形象，大人要面子，小孩也一样。在这种情况下，亲子沟通自然出现问题了。

解决策略

（1）言出必行

父母不应该轻易许下承诺，一旦承诺出口，就应该言而有信，即使是承诺了很小的事情，父母也要认真地去做。若之前已经有了违背约定的行为，父母不要吝惜自己的面子，要给孩子道歉，并提出让孩子来监督自己。

（2）让孩子“和过去的自己比”

“只要进步了，就是好的。”父母要以此多鼓励孩子，对孩子的每点进步都要及时肯定。孩子得到来自父母的肯定与鼓励，不仅有助于增强自信心，还拉近了亲子间的距离，使他们愿意与父母好好说话。

（3）科学沟通

科学沟通的前提是亲子双方要避免抱怨、指责、谩骂的表达方式，父母先带头做到这个要求，在某件事情上出现争执时，最好先想想，要想让这件事情顺利解决，“我”应做什么。当双方都反思“我应做什么”时，大家的交流就会顺畅高效。

科学沟通不仅指语言，还包括非语言，比如说话的语气、眼神、姿态等。家长要学会倾听，学会客观地与孩子探讨问题。倾听时还要选择合适的时间、地点等。

父母应为沟通创造一种平等和谐的氛围。在沟通的过程中，父母应循循善诱，以理服人，不要简单地把孩子的争辩看作是对长辈的不敬。

家长心里要明白，“我给你吃穿，你就应听我的”这种看法已经过时了。家长应多关心孩子的情感，站在孩子的角度与其交流，仅仅关心孩子的身体和学习是远远不够的，更要关注孩子精神上的需求。同时，家长有必要让孩子了解父母，了解生活的艰辛。

案例追踪

小美性格文静，一二年级时，妈妈说什么，她基本上是听的，但自从上了三年级，她却经常跟父母顶嘴，对抗父母，亲子沟通变得不顺畅，亲子关系越来越差。妈妈很烦恼，于是向我们求助。跟我们交流后，她明白了主要问题所在，便没那么焦虑了。后来，她听取我们提供的一些解决方法这样做：

调整情绪，好好沟通

这一天，小美因弟弟弄丢她的橡皮而发脾气，爸爸见她因一点小事就这样，于是随口说了她几句，没想到小美暴怒，大声吼：“明明是弟弟错，为什么却骂我，不公平！”随即她便跑进自己房间，大力地关上房门。

妈妈觉得孩子乱发脾气，不分尊卑，按平常的做法她肯定大发雷霆，但想到这样做只会令矛盾升级，无助于问题的解决。于是，她没有立刻进小美的房间，而是先让自己冷静下来，同时也让女儿冷静一下。

20分钟后，她轻轻敲了敲孩子的房门：“小美，妈妈能进来吗？”在得到孩子的同意后，妈妈进去了，坐在孩子身旁温和地说：“小美，你心情好点了吗？妈妈知道你刚才一定很生气！”

小美得到妈妈的理解，撅着小嘴说：“是的，弟弟弄丢了我的东西，可是爸爸却批评了我！”

妈妈微笑着抚摸着小美的头：“嗯，被冤枉的感觉一定很不好受，妈妈小时候也遭遇过类似的情况……”

妈妈调整自己的情绪并接纳孩子的情绪，用同理心来安抚，这样孩子会更听得进接下来的话，更有助于亲子沟通。

接着，妈妈跟爸爸沟通了这件事情，爸爸也进行了自我反省。后来，爸爸跟孩子道歉。周末，一家人还开了家庭会议，一起制订了家规：弟弟不能到姐姐的作业桌及周围玩，不能动姐姐的学习用品，以后大人小孩说话时要用尊重、真诚的态度来表达自己的想法，说话时要摆事实，讲道理。在民主平等的家庭氛围里，慢慢地，亲子沟通状况得到了明显改善，亲子关系也和谐多了。

亲子沟通不顺畅，怎么办？

扫码获取音频，阅读更轻松

6. 孩子不懂得跟长辈分享，怎么办?

家长困惑

“老师，我家小林一有好吃的东西就只顾着自己吃，从不会主动分享给我们，我觉得这样很不好。您能给我们支支招吗？”

“老师，上个周末我们为爷爷祝寿。饭桌上，孩子一个劲地夹自己爱吃的东西，也没想过夹给长辈，我心里觉得很不是滋味。这样下去怎么行啊！”

“我儿子很爱吃鸡腿，每次都狼吞虎咽地吃完两只鸡腿，只顾着自己，从来都不会问问我们吃不吃。老师，您说我该怎么教育他呢？”

……

孩子不懂得跟长辈分享，怎么办？为此，我们综合多个案例，做了详细分析。

查找原因

（1）教育理念偏差导致孩子行为偏差

一方面，在“应试教育”的大环境下，评价孩子的准绳还是成绩，学习好就几乎代表了一切，孩子的品德培养很容易被忽略，良好的品性得不到有效培养。有些孩子可能学习比较好，父母对他们没有过多的要求，没有要求孩子参加家务劳动，学习照顾家人，等等。这种片面的价值观和培养方式是导致孩子不懂得为父母付出的原因之一。另一方面，有的父母忽视了自己的言传身教作用，在日常生活中没有注意给孩子树立一个乐于分享、关爱孝敬长辈的榜样，这也在一定程度上导致了孩子行为上的偏差。

（2）包办、溺爱让孩子失去了锻炼体验的机会

现在人们的生活水平逐渐提高，独生子女较多，父母对孩子总是呵护照顾有加。有些家庭是三代同住，爷爷奶奶、爸爸妈妈几乎打理好了所有的事情。还有些家庭，当有好的东西时，长辈宁愿自己不要，也要让给孩子。久而久之，孩子就会觉得长辈把好的东西让给自己是理所当然的。这样的直接后果是，孩子没有意识到原来有好东西也应该分享给爸爸妈妈，分享给长辈。正是长辈的溺爱，让孩子对父母所给予的一切都习以为常，自然不懂得珍惜，进而忽略了应该为长辈着想，也忽略了有好东西应该和长辈分享。同时，父母这种包办溺爱的做法，也是在剥夺孩子劳动、孝顺的机会，让孩子变得越来越冷漠，越来越自私。

（3）不统一的教育观导致教育无效

什么是家庭中不统一的教育观呢？主要是父母双方或父母与老一辈之间存在教育理念的不同，从而在言语和行为上表现出对孩子的不同要求。我们说到分享问题，主要集中在隔代教育这种情况中，常见的是父母有意识地引导教育，而爷爷奶奶却宠着、护着、让着。有个家长就提到这样的问题，说他的孩子小赖平常饭后吃水果，只顾自己吃，丝毫没有考虑和长辈分享。爸爸曾有意识地提醒，小赖也拿给奶奶了，奶奶却说："我不吃，你自己吃多点。"爸爸提醒过奶奶这个问题，但是老人家不以为意，觉得让孩子吃多点是应该的，是疼爱孩子。奶奶却不知这样的做法会混淆孩子认知，为培养分享的好习惯带来了难度，导致家庭教育的无力和无效。

解决策略

（1）父母转变观念，树立榜样作用

父母若想孩子不仅成绩好，而且有孝心、会分享、有行动，就必须转变观念，重视对孩子品性方面的培养。父母是孩子的镜子，所以，只有父母以身作则，做好榜样，才能更好地在生活中教育孩子，将美好的品德渗透于身心，外显于学习、生活的方方面面。比如：在日常生活中，父母可以在老一辈生日的时候，带孩子一起为老人挑选礼物；可以在节假日的时候打电话给老人，关心老人的生活；可以在饭桌上以让老人先动筷，或给老人夹菜的方式进行“孝”的教育；等等。

（2）给孩子提供或创设体验锻炼机会

父母应抛弃包办代替和溺爱式的教育方式，多给孩子提供或创设体验锻炼的机会。例如，当孩子为你“孔融让梨”的时候，请不要谦让，伸出手去接过孩子递来的那只“梨”，而且还要当着孩子的面把它吃掉，再去夸奖孩子。又比如，当父母身体不适时，正好借机给孩子以锻炼，可以让孩子明白自己与父母的关系，了解父母的辛苦与不适，知道可以为父母分担什么。而平时做饭也可以让孩子参与其中，在一起动手的过程中有意识地引导孩子，这样孩子就能感受到父母平时为了照顾他的辛苦付出。偶尔，父母可以适当地示弱。示弱是为了给孩子创造关心父母以及为家里做事的机会，有利于孩子从中体会父母培育自己的艰辛，这其实也是在培养孩子的孝心。一个有孝心的孩子，才会由心而发地把好东西分享给长辈。

孩子在锻炼的过程中表现不够好也没关系，重要的是他愿意去付出，而此时来自父母的鼓励和肯定就是强化孩子正确行为的最佳动力。

（3）隔代教育需要统一思想

隔代教育比较微妙和复杂，由于祖孙的血缘关系，老人会本能地对孙辈产生慈爱之心。如何避免或减少隔代教育思想不统一的问题呢？一方面，父母

可以通过加强自身学习，掌握更多的家庭教育方法；另一方面，在互相尊重两代人育儿理念差异的基础上，父母与老人进行有效沟通，把祖辈家长也引进家庭教育学习圈，让他们与时俱进，了解一定的现代家庭教育科学知识。父母要有足够的耐心与老一辈沟通，通过与老一辈统一思想，一起遵守教育孩子的规则和界线，让家庭教育更有效。

案例追踪

小赖是个学习成绩优秀的孩子，上了六年级后，父母尽可能地在生活上多给予照顾。平时有好吃的东西，家长们也不舍得吃，让小赖吃，令小赖变得比较自私，有什么好东西也不懂得和长辈分享。小赖爸爸很担心，于是向我们求助。根据我们的建议，回去之后他们这样做：

统一思想 + 情境教育

小赖父母找了一个机会，跟奶奶进行了一次沟通，提醒奶奶以后遇到孙子分享东西时，要乐于接受孙子递过来的东西。

周五晚上，小赖做完了语文作业，出来客厅休息。妈妈端着盛放四块大西瓜的盘子出来了：“大家来吃西瓜咯。”小赖迫不及待地拿起西瓜就想吃，妈妈问他：“小赖，应该先给谁？”

小赖拿了一块给奶奶，奶奶连忙摆手说：“不用不用，你吃多点吧。”

妈妈说：“妈，孩子拿东西给你吃，你得接呀，这可是孩子的孝心呢。再说了，分享是美德。”

“是啊，我们不能总是习惯性地把好吃的东西都让给孩子，也要接受孩子的分享。”爸爸说。

听完这些话，奶奶笑着接过西瓜，夸小赖真是懂事的孩子。

之后，小赖又分别拿了西瓜给爸爸和妈妈，最后一块自己吃。

爸爸称赞道："嗯，儿子长大了，知道按辈分分享好吃的了！儿子，如果家里来了客人，你知道该怎么分享吗？"

小赖边吃西瓜边说："老师说过，以客为先。我觉得应该先分享给客人，再按辈分分享给家人。"

爸爸开心地说："还不错嘛，知道以客为先了。我相信你今后一定会在分享方面做得更好！"

后来，小赖的父母抓住生活中的一些契机，对小赖进行情境化教育。他们通过引导的方式，不断让孩子体验，及时鼓励、肯定孩子。现在，小赖在好东西要分享这方面已经有了很大的进步。

孩子不懂得跟长辈分享，怎么办？

扫码获取音频，阅读更轻松

7. 孩子不愿意跟别人分享，怎么办？

家长困惑

“老师，我家小孩已经读二年级了，但还是不愿意跟朋友分享食物、玩具等。怎么办啊？”

“我家来了客人，我家女儿居然把好吃的好玩的都藏起来，我都不知道怎么办了。老师，你有什么建议？”

“老师，我家小孩总是不愿意跟别人分享。有一次，她的同学问她借《城南旧事》，不管我怎么说，她就是不愿意借，怎么办啊？”

……

孩子不愿意跟别人分享，怎么办？为此，我们综合多个案例，做了详细分析。

查找原因

（1）受宠的孩子习惯于独享

现在的孩子大多数都是家中“独苗”，从小就独自拥有想要的东西，例如食物、玩具等。尽管现在开放二胎，但是在物质条件允许的情况下，绝大部分孩子想要的并没有减少。加上中国人固有“爱孩子”的思维方式，爷爷奶奶溺爱，爸爸妈妈宠爱，无形中支持了孩子独享，久而久之，孩子就认为独享就是理所当然的，就变得以自我为中心，不愿意去分享，甚至拒绝分享了。

（2）家长言行教育欠妥

孩子是家长的影子。在平时的生活中，如果生活在孩子身边的成年人本身就有自私行为，那么孩子就会无意识地进行模仿。更有甚者，有的成年人还利用“伪分享”来荼毒孩子。例如，有时候成年人会提出要分享孩子的某样东西来考验孩子是否有“分享”的意识。如果孩子不答应，成年人就假装争抢，吓唬孩子，或者语言攻击：“你真小气，以后会没有朋友的。”如果孩子答应，成年人就会说：“逗你玩的，不是真的要你的。”这样孩子很容易总结出一个“错误认识”：分享只是一个“游戏”，不必较真。

（3）自身因素

①孩子自身还没得到满足。首先，我们要明确什么叫“分享”。分享就是让孩子在满足自身需求的基础上，心甘情愿、主动与他人一同享受的行为。根据孩子的心理特征，孩子会认为这是他的东西，他对该物品有绝对的“支配权”，他不想给谁就不给，究其原因是孩子自身对该物品还没有得到满足。

②选择性分享。有的孩子愿意与家人分享，不愿与朋友分享；有的孩子愿意跟好朋友分享，不愿与普通朋友分享。所以家长不要盲目要求孩子分享，必须是在了解情况后，孩子心甘情愿地接受，这才是真正的分享！然而，很多时候成年人就只注重分享，忽略了孩子的感受，迫使孩子“分享”，使孩子内心更抗拒“分享”。

解决策略

（1）统一思想，立下规矩

家长想要改变孩子，就要先改变自己！家人必须统一思想，特别是要与老人家沟通好教育方式，杜绝唱反调的情况。可以在每天吃饭时或者不定期进行一次反思总结。在平时活动中，有好的食物，大家一起分吃，不必让孩子优先；训练孩子自己收拾东西；对于二胎家庭，平时孩子们在玩的时候，如果出现争抢问题，父母就遵循事先约定的规则（如谁先拿，谁先玩），规定每人每次玩的时间，从小培养孩子公平竞争的意识。无规矩不成方圆，不管是多受宠爱的孩子，在规矩面前，父母都必须做到公平公正、一视同仁，这样才有利于增强孩子的分享意识。

（2）树立榜样，增强意识

在平时的生活细节中，家长要处处严格要求自己，想要孩子成为怎样的人，首先自己就成为那样的人，为孩子树立榜样。并且，家长可以告诉孩子，别人借的东西会归还的。甚至可以在家模拟练习，家长可以借孩子的笔、玩具等，答应10分钟之后归还，还的时候强调："孩子，这是刚才我从你那借走的东西，现在还给你，谢谢！"家长要借助"鼓励""表扬"的力量，让孩子体会到分享的快乐。

（3）情景训练，适当引导

上文谈到孩子不愿与人分享的原因多种多样，父母要做到"事""因"一一对应，对症下药，这样才能事半功倍。

在平时的生活中，家长可以利用"体验教育"训练孩子。例如假期邀请同学到家里玩，先征求孩子的意见，邀请谁来，准备什么食物或者拿哪些玩具跟同学们分享。为了避免有的孩子不愿分享，家长可以主动与其他家长联系商量，让每个孩子都带一些玩具或者食物一起分享，让每个孩子都有分享的意识和分享的机会。考虑周全、准备充分，既有助于消除孩子的戒心，也体现了公平，孩子也更放心地感受与人分享的快乐。平时多做类似的分享游戏，让孩子体验分享的快乐，慢慢明白分享的意义。

案例追踪

小芳是一名一年级的学生，在家中是独女，老人对她很溺爱，总是无条件地满足她的所有要求，致使她形成了霸道并且有些许自私的个性。她的父母前来咨询，听取了我们的建议后，他们这样做：

观念一致，定下家规

小芳父母刚回到家门口，就听到了小芳的哭喊声："是我的，是我的，不给，不给……""小芳，你有好多这样的玩具，借给小红玩玩，小红是你的好朋友哦，一起玩吧。"爷爷无可奈何地说。"小孩嘛，都是这样的，老头子，随她吧，长大了就不是这样的。小芳乖，不哭。"奶奶不紧不慢地说。小芳越哭越大声："不……不……是我的，是我的！"小芳父母疾步走进屋，说："爸、妈，我们有事跟你们商量一下。"

小红回家后，小芳午睡了。四个大人坐在一起，召开了家庭会议。

小芳妈妈语重心长地跟爷爷奶奶说："爸、妈，我知道你们很爱小芳，我也一样。但是，我们的溺爱，间接影响了小芳，我觉得她现在不愿意、也不懂得如何跟别人分享。在别人眼中，小芳就是个自私的孩子啊。这一点，我们也是意识到的。""是啊，我们也急啊……那怎么办啊？"爷爷不安地说。"爸，我请教了老师，他们给了建议，我们先统一思想，一起商量定下家规，好吗？"奶奶点头，说："当然好啊。"晚餐后，小芳的爷爷奶奶、爸爸妈妈经过深入的商讨后，定了家规，并强调在平时生活中，要做好示范，树立榜样，让小芳明白与人分享是快乐的。

刻意训练，持续跟踪

下午阿姨一家人就要到家中做客了，妈妈有点担心小芳还是跟以前一样，独霸玩具，不让阿姨家的小女儿小涵玩，所以妈妈在早上就先跟小芳做好约定。妈妈平和地说："小芳，下午阿姨一家人到我们家做客，我们要热情地招待客人哦。”“太好了，小涵来我们家玩。”“是啊，你就可以跟小涵好好地玩玩啦，你打算怎样招待小涵呢？”“我有蛋糕、布娃娃……”“太好了，小芳，你是个愿意跟别人分享的好孩子。”

妈妈窃喜：难道之前的刻意训练起效果了？

小涵到了，小芳拿出布娃娃跟她一起玩。阿姨笑着说：“小芳是个会照顾妹妹的好姐姐哦。”小芳听了，乐开了花。此时，妈妈说：“小芳，请过来一下。这里有10块蛋糕，你拿一块给小涵吧。”小芳迟疑了一下，妈妈意识到了什么，蹲下来跟小芳悄悄地说：“小芳，跟小涵一起玩布娃娃开心吗？”“开心。”“阿姨刚才表扬你进步了，懂得与人分享了，开心吗？”“开心。”“是啊，与人分享是件快乐的事情。之前我们到阿姨家，小涵也是亲手拿蛋糕给你吃哦，你记得吗？”“记得。”“那我们一起吃，蛋糕可能会更好吃呢，试试看。”“真的吗？”“试试看啊。”

小芳不太情愿，但还是亲手拿了一块蛋糕给小涵。吃的时候，妈妈和阿姨都肯定了小芳的进步。小芳得到称赞也很开心……

尽管开始时小芳不太情愿，不过她还是亲手把蛋糕拿给了小涵，这绝对是大进步，我们提醒小芳妈妈，事情必须要长期跟踪反馈，不会一蹴而就。

孩子不愿意跟别人分享，怎么办？

扫码获取音频，阅读更轻松

8. 孩子爱顶嘴，怎么办？

家长困惑

“老师，每次叫女儿改正应用题，她都说老师说的才是对的，不肯听我的话了，真不知怎样教她才好！”

“老师，我儿子现在动不动就顶嘴，总是不听我们的，怎么办？”

“无论我跟李强说什么，他总是说我好烦。老师，该怎么办？”

……

孩子爱顶嘴，怎么办？为此，我们综合多个案例，做了详细分析。

查找原因

孩子小的时候，懂得的事情比较少，对他们而言，家长就是权威，所以会比较听话。但是随着孩子慢慢长大，懂得的事情越来越多，思维迅速发展，特别是上学以后就开始会顶嘴了，有时候还喜欢把老师搬出来，觉得老师的话比父母的话更正确。我们不能简单地评判，顶嘴是好还是坏。孩子与父母顶嘴，不同的孩子有不同的表现及原因，但主要有以下几种情况。

（1）父母对孩子的顶嘴过分敏感

父母要求孩子去做某件事，但孩子认为这件事不值得做，或不愿意立刻去做的，孩子会拒绝，若此时父母严厉教训，孩子自然就会产生顶嘴行为。遇到这种场面，大多数父母都在潜意识里认定孩子是故意对自己不恭敬，心里就莫名火起，对孩子实施更强的责骂，而孩子心里也是憋着一股怒气，不屈服。

（2）简单粗暴责备式说教无说服力

发生某件事，孩子被父母误会，受到无端的责备；或者是在交流沟通时，孩子说话的语气引起父母的不满；又或者孩子的确闯了祸，但是父母粗暴责备，不依不饶、没完没了地说教，不但没有说服力，还会引起孩子反感，继而孩子说出顶撞父母的话。

（3）教育方式没有与时俱进

我们身处信息爆炸的年代，孩子获得信息与知识的途径非常多，有的孩子知识拥有量甚至会超越父母。但不少父母在教育孩子时，还总是沿用老一套的专制教育模式。这样一来，孩子并不服父母的管教，自然容易顶撞父母。还有些父母教育方式很极端，比如：过于严格，孩子到了高年级会反抗性顶嘴；过于溺爱，被溺爱的孩子对长辈有恃无恐，语言上顶撞是家常便饭；过于冷漠，孩子会为了引起注意而故意顶嘴，以此引起父母的重视，让父母多关注自己。

解决策略

（1）不要对孩子顶嘴太在意

父母要知道，自我意见的表达是每个孩子成长过程中都会出现的现象，不是个别现象。要知道，了解孩子才是最重要的。首先，父母要静下心来聆听孩子的想法，给孩子自我表达的机会。同时，也要让孩子明白，爸爸妈妈是爱他的，但并不代表必须接受他的观点，爸爸妈妈也会坚持自己的想法。

父母不要对“顶嘴”这件事情太敏感，胡乱地给孩子贴上“不听话”“不孝顺”的标签。

有时候顶嘴正是孩子独立思考和独特个性的表现。在孩子面前，许多父母总觉得自己是绝对权威，什么都是对的，“以爱之名行绑架之实”。其实，孩子开始有自己的观点，或许这观点未必完全正确，但这是他进步与成长的表现。所以，父母不要一遇到孩子顶嘴就控制不了自己的情绪。

（2）有话好好说

当父母发现孩子有顶嘴行为时，要认真分析其产生的原因。在孩子顶撞时，不要第一时间责备，而应该先问问自己：“我是否叫他去做他不想做或不想立刻去做的事了？我是否误会了孩子？我说话的方式是否不对？我是否太啰嗦了？”等双方都冷静下来之后，父母要问问孩子：“究竟发生了什么？你的想法是什么？”多与孩子沟通，教会孩子正确表达自己的情绪和想法。沟通时，切勿直截了当地对孩子说“不许顶嘴”，而要说“你的感受我能理解，但我还想请你换一种语气说，好吗？”或者说“你用这样的语气说话我听了不好受，你可以慢慢把事情说清楚。”如果孩子正在气头上，父母也可以冷处理，说：“看起来你现在很生气，等你冷静下来我们再谈吧。”

还有，家长可以直接把自己的伤心、失望告诉孩子，让孩子懂得父母的感受，这样有利于真诚地交流。

有的孩子说什么话都像在顶嘴，但其实是顺应大人的说话方式造成的。例如：父母责备孩子“你能不能不要这样做！”，孩子很容易顺口就说“不能！”；“你能马上收拾好你的学习用品吗？”，孩子可能以为是在和他商量，而他又有不同的选择，所以自然就会说“不能！”。要传达指令时，父母最好用陈述句或者是选择句，比如“是你关电脑还是我关电脑？”或者“你是再看5分钟还是再看10分钟电视？”，避免用反问句或者双重否定句。

（3）爱孩子要适度

对孩子过于严厉冷漠，孩子感受不到被关爱，就会用不同的方式反抗或引起注意，所以父母要多亲近孩子，多与孩子沟通交流；但过分溺爱又会使其缺乏约束，没有礼貌，在长辈面前肆无忌惮，等到孩子的坏习惯已形成，纠正起来就会很吃力。

作为父母，爱要适度。最好是全家统一阵线，如果明显是孩子胡搅蛮缠，大家都不要理他，先冷处理。而当他变得讲道理不顶嘴时，则要用鼓励的言行强化他，让他正确表达自己的合理需求。

案例追踪

晓刚是一个非常爱顶嘴的孩子。每次妈妈叫他做什么，他都跟妈妈对着干。妈妈觉得晓刚怎么教都教不好，又不听话，十分焦虑。于是向我们咨询，听了我们的分析后，她明白了有时候孩子顶嘴，未必不是好事。她听取了我们的建议后这样做：

调整情绪和说话方式

一天，晓刚因为先吃饭还是先洗澡的事又和妈妈顶嘴了。妈妈开始觉得孩子是无理取闹，但立即意识到，自己的想法已经开始让自己想发火，于是，她深呼吸几下让自己冷静下来，平静地对孩子说：“你想先洗澡，你就先去洗澡吧。妈妈还有事要做，我们会先吃饭。晚上我们再好好谈谈。”孩子生气地去洗澡了。

妈妈处理完自己的事情，等孩子情绪恢复之后，再和声细语地问孩子：“刚才为什么一定要先洗澡？”

晓刚有点生气地说：“我今天在学校打球了，满身都是汗！”

妈妈不好意思地说：“哦，原来是这样！对不起，妈妈没有事先了解原因。以后有什么事，你跟妈妈好好说清楚，好吗？”

妈妈认真地思考与孩子的对话方式，发现自己经常用否定式、双重否定式、反问式的语言，所以孩子也总是用“不会”“不要”“我不干”之类的语言回答她。

后来妈妈和晓刚一起制订一项新家规：发生任何事情，大家都不要用情绪对抗情绪，而是用商量的方式解决。渐渐地，晓刚觉得妈妈是爱自己的、尊重自己的，他也开始反省自己的不对，顶嘴的现象也慢慢减少了。

孩子爱顶嘴，怎么办？

扫码获取音频，阅读更轻松

9. 孩子在家乱发脾气，怎么办？

家长困惑

“老师，我女儿刚上一年级，在家里动不动就发脾气，怎么说都不听，真是拿她没办法。”

“我儿子三年级了，老师说他在学校挺安静的，对老师和同学也很温和，可他在家里时总是爱跟我闹别扭，耍脾气，这是怎么回事啊，老师？”

“老师，我儿子准备升六年级了，这段时间脾气越来越大，动辄顶嘴摔东西，竟然还敢对着我说粗口，这可怎么办啊？”

……

孩子在家乱发脾气，怎么办？为此，我们综合多个案例，做了详细分析。

查找原因

（1）家庭氛围不和睦

心理学研究表明：一个家庭里，父母经常争吵，甚至大打出手，会给孩子带来难以弥补的心理创伤。生活在这样的家庭氛围中的孩子极度缺乏安全感，主要的行为表现有自控能力差，容易冲动，情绪失控，爱发脾气。

（2）父母溺爱孩子

很多孩子在学校表现都很不错，是因为每个人都有喜欢被肯定、受表扬的心理。在学校有校规，在班级有班约，表现优秀会受到表扬，行为不端则会被责罚。为了得到同学们的认可和老师们的表扬，孩子自然会遵守规矩，积极表现。然而，很多家庭并没有家规，父母又过于溺爱孩子。因此，当遇到不顺心的事情时，孩子很容易就没规没矩，仗着父母平时对自己的宠溺，想通过乱发脾气来达到自己的目的。譬如有些孩子喜欢看电视，一回家就打开电视，吃饭时端着碗看，该做作业了也舍不得关。父母提醒的次数多了，孩子不但不去做作业，反而顶撞父母，歪理成篇。这类事例中，孩子之所以敢对父母这么不客气，就是因为他们了解父母平时对自己的溺爱和轻易妥协。

（3）孩子不会正确处理自己的情绪

当人遇到不顺心的事情时，如果没学会如何正确处理自己的情绪，出于本能，就很容易以发脾气的方式把内在的不良情绪发泄出来。尤其是父母本身就是这样的话，那么小孩就有样学样，在家喜欢乱发脾气也就不奇怪了。

解决策略

（1）给孩子一个温馨快乐的家

孩子的健康成长需要一个温馨快乐的家。父母是孩子的第一任老师，孩子小时候的行为很多时候都是源于对父母的模仿学习。如果我们不想看到孩子乱发脾气，那么我们首先就不要在孩子面前发脾气。平时，夫妻之间、亲子之间有任何事情都要好好说话，有商有量。当家庭成员之间有不同意见时，要注意控制好自己的情绪，心平气和地交流彼此的想法，倘若一时之间无法达成协议，可以先冷处理，避免争吵。如果有人能在适当的时候来点幽默，化解“危机”的话就更好了。为了每一个可爱的孩子都有好脾气，请父母们都先学会好好说话，让家里充满温馨和快乐吧。

（2）制订家规，约束孩子的不良行为

孩子对着爷爷奶奶和父母这些长辈乱发脾气，大都会被人斥责“没大没

小，没规没矩”。所以，在家里，父母再爱孩子，也得教给孩子一定的“规矩”。我们可以在家里通过合理的途径制订一份大家一致认可、共同遵守的行为规则，也就是“家规”。按规定，谁做得到，遵守了，谁就受表扬，得奖励；谁违反了，谁就挨批评，被惩罚。作为父母，我们还可以有意识地给孩子创造更多的受表扬、得奖励的机会，让孩子从中得到荣誉感和成就感并加以珍惜，促使他们经常有意识地去控制和改善自己的一些不良行为。这样坚持下去，孩子的行为习惯慢慢变好了，也就不容易乱发脾气了。

（3）教给孩子化解不良情绪的方法

父母是孩子最早的启蒙老师，很多时候孩子为人处事的方式都是父母教授的，所以，父母还可以教给孩子正确处理情绪的方法。

首先要教会孩子以平常心接纳自己的负面情绪。告诉孩子，人生不可能是一帆风顺的，人也不可能是完美无瑕的。所以，当我们遇到不顺心的事情时，想发脾气是很自然很正常的一种想法，我们不必为此而怀疑自己哪里出问题了，而是要在心里承认：对，这就是我，一个正常人的正常反应。

其次要教会孩子如何正确化解不良情绪。我们先让孩子理解：人想发脾气虽然正常，但是动不动就对着别人发脾气，对人对己都会有伤害，也是一件很丑陋的事情。我们还要让孩子明白：遇到事情，动辄发脾气不但对解决问题没有任何帮助，而且很多时候还会带来更严重的后果。所以不管是从对人对己，还是从解决问题的角度出发，我们都要学会通过正确的途径化解自己的不良情绪。例如：可以积极想办法尝试去解决问题，让不良情绪消失在忙碌中；可以找人倾诉，让不良情绪在诉说和安慰中逐渐淡化；还可以通过爬山、踢球、跑步和打沙包等运动，让不良情绪化为汗水，变坏事为好事……这些途径都能很好地帮助我们化解掉不良情绪，让我们不轻易再乱发脾气。

案例追踪

小云是一年级的小学生，她虽然在学校表现挺不错的，但是在家却喜欢乱发脾气。家长的劝、说、打不但没用，有时反而把亲子关系置于一种对抗的状态。小云的家长向我们求助，听了我们的建议后，他们是这样做的：

以身作则，好好说话

不管在什么情况下和什么人说话，小云的父母都再三提醒自己注意说话的音量和语气，不急不躁，慢慢说，好好说，给小云树立模仿学习的榜样。

孩子发脾气时先安抚情绪再解决问题

有一天，小云一回到家就拿出一本《秘密花园》来涂色。妈妈在旁边说了几次“先做作业吧”，小云先是充耳不闻，后来突然把手中的笔和本子一扔，冲着妈妈嚷：“烦死了！天天都是叫我做作业，做作业！”

小云的妈妈先一怔，然后缓缓地说：“看来，我现在是惹你生气了，我们双方冷静5分钟，待会儿我们再交流。”

5分钟过去了，妈妈走过去，拉着小云的手，轻轻问道：“你刚才是不想做作业，对吗？”

小云盯着妈妈看了一会儿，点了点头。

妈妈又摸摸小云的头，说：“你现在是想继续涂色吗？”

小云又盯着妈妈看了一下，又点了点头。

小云的妈妈想了一会儿，深吸一口气，继续柔声说：“玩玩涂色，放松一下也好。不过，老师明天就要检查作业了，你打算什么时候做呢？”

小云想了想，捡起笔和《秘密花园》，指着一个地方说：“等我涂完这一块就做。”

妈妈轻轻拍拍小云的肩膀，说：“好，那你自己掌握好时间，我先去做饭。”说完，妈妈就走进厨房，不再管小云做什么了。

这天晚上，当妈妈检查小云作业的完成情况时，发现小云眼睛一眨一眨地站在一旁看着自己，就拉着小云坐下问：“你是有什么话想和我说吗？”

小云有些不好意思地说：“妈妈，对不起，我下午对你发脾气了。其实我不是不想做作业的，但是放学回家时，高年级的同学打球砸到我的头，又不跟我道歉，我心情不好，所以想先涂涂色，玩一玩再做。还好，你今天没有骂我。”

妈妈伸手摸摸小云的头说：“孩子，对不起，妈妈过去太心急了，让你受了不少委屈。以后你有什么事情都可以好好跟妈妈说，我们都不要发脾气了，都要好好说话，好不好？”

看小云点头之后，妈妈又说：“当你心情不好的时候，其实有很多方法可以帮助到你的。你刚才说的玩玩涂色就很好，或者是找同学玩玩手绳，跳跳皮筋，还可以踢个球，跑个步什么的。还有，你可以找爸爸妈妈好好说说，你是我们的孩子，不管发生什么事情，我们都会和你在一起，会帮助你的。”

在妈妈的轻声细语中，小云的头慢慢靠近妈妈的胸怀，双手轻轻抱上了妈妈的腰。

以后，每次小云想发脾气时，妈妈都及时安抚住她，再找时间和她慢慢谈怎么解决问题。渐渐地，小云和妈妈的关系越来越亲密，也很少发脾气了。

孩子在家乱发脾气，怎么办？

扫码获取音频，阅读更轻松

10. 孩子跟同龄人玩不到一块儿，怎么办？

家长困惑

“难得放假就带孩子出去玩，但他总是自己在一边儿玩，都不跟和他同样大的孩子玩。老师，为什么会这样呢？”

“老师，我家的孩子总是待在家里，有时同事带上跟他差不多大的孩子来跟他玩，玩不到一会儿就吵起来，好几次都是这样，该怎么办呢？”

“我的女儿平时很少到小区里玩，有时奶奶带她下去找跟她差不多大的小朋友玩，玩一会儿就找奶奶，奶奶叫她再去玩，她玩不到一会儿就又跑回奶奶身边。老师，我真的不知道怎么办才好了。”

……

孩子跟同龄人玩不到一块儿，怎么办？为此，我们综合多个案例，做了详细分析。

查找原因

（1）缺乏社交勇气

有些孩子比较内向、胆小，与人交往时会表现出脸红、结巴，感到难为情，很紧张，甚至会产生恐惧，他们其实很想跟别人玩，但又不敢主动。而有些孩子由于觉得自己某些方面不如别人而感到自卑，害怕被别人嘲笑，从而不敢主动找别人玩；甚至别人找他玩，他也选择逃避。还有些孩子有过交往失败的经历，比如找别人玩被拒绝，被同伴欺负，经常与玩伴闹矛盾，最后不欢而散等。时间一长，这些孩子就会选择通过回避来保护自己，没有勇气走近同龄人，无法融入同龄人的圈子。

（2）缺乏交往机会

受居住环境影响，有些孩子从小缺少同龄玩伴，尤其是独生子女，父母由于担心孩子安全、被欺负、吃亏等问题而对孩子过度保护；有的父母甚少带孩子外出活动；孩子们一旦发生小矛盾，有的父母就急着强行介入帮助孩子，剥夺了孩子独立处理冲突矛盾的机会。这就导致了孩子过分依赖父母，失去了与同龄人交往的机会。

有些父母觉得学生就应该以学习为主，交往会让孩子“心散”，从而不支持孩子跟别人玩耍。而有些父母担心孩子跟别人玩时会学坏，就总是帮孩子“筛选”玩伴。还有些父母不喜欢孩子带朋友到家里来，不是嫌弃孩子们弄脏地方，就是嫌弃孩子们弄乱东西，甚至想方设法“请”孩子的朋友离开，让孩子们非常难堪和不愉快。久而久之，孩子就没有了与人交往的欲望。

（3）缺乏交往技巧

很多孩子是家庭的中心，由于溺爱，父母在游戏中总是照顾孩子的情绪，孩子想要什么都无条件满足，让孩子产生了严重的自我中心意识。在跟同龄人玩耍的时候，孩子经常以满足自己的需要为主，小气、任性，觉得其他人都应该围着自己转，自己拥有绝对的决策权。

另外，父母也没有重视教导孩子正确的交往技巧。比如：怎样跟别人打招呼；怎样进行自我介绍；怎样表达自己的观点；当出现矛盾时，该如何处理；等等。

如此长久下去，孩子在交往中不懂得正确认识自己在游戏中的角色，不懂得理解他人或相互谦让合作，也不知道控制自己的情绪，动不动就发火，这样很容易就跟玩伴起冲突了。

解决策略

（1）鼓励孩子大胆与人交往

有些孩子由于某些原因不敢跟人交往，此时，父母不要着急，可以慢慢引导孩子迈出他与同龄人交往的第一步。一开始，父母可以带着孩子走到小伙伴跟前，为孩子壮胆。然后做孩子的榜样，先自我介绍，再让孩子学着自己的样子做自我介绍，耐心地引导孩子向其他孩子询问："我可以跟你们一起玩吗？"得到小伙伴允许后，父母就鼓励孩子大胆地去跟小伙伴玩。要注意的是，父母千万不要责怪、唠叨孩子，也不要指望一蹴而就，这是个循序渐进的过程，第一次不成功，第二次再鼓励，一定要坚持下去，要给足够的时间让孩子适应。一旦孩子有了跟同龄人交往的成功体验，交往能力得到了锻炼，父母就可以慢慢放手了。

（2）给孩子创造交往机会

父母要经常主动带孩子出去找同龄人玩，或者鼓励孩子约小伙伴到家里做客或到某个地方聚会。这时，父母要给孩子们足够的空间，还要宽容对待孩子们在玩耍中出现的弄乱东西、弄脏地方等问题。

随着孩子年龄的增长，父母需要学着放手，一点一点撤出孩子与同龄人的交往圈。同时，要给予孩子选择玩伴的自由，相信孩子在与同龄人交往中能处理好冲突，控制好情绪，融洽相处。父母切勿一发现孩子与别人闹矛盾不开心就上前干涉，甚至没有弄清楚事情的来龙去脉就妄下结论或随意批评孩子。这种介入无疑会将好事弄糟，如果父母经常这样做，孩子便会期望生活在家长的"保护伞"下，从而降低独立生活的能力，不能与同龄伙伴玩耍。所以父母在干涉的时候也要看时机。比如：孩子在跟小伙伴堆积木，其中一个孩子不小心碰掉了大家已经堆好的积木，孩子们争吵了起来。此时家长不要急着过去，而要先远程观察了解情况。如果孩子们主动找家长寻求帮助，或者他们争吵了很长一段时间仍没有化解矛盾，甚至出现互相推撞、拳脚相加等激烈的肢体接触情况，这时家长再介入处理。

（3）教给孩子正确交往技巧

①学会倾听与说话。父母平时在跟孩子交流时，要注意让孩子看着自己，认真、耐心地听自己说话，不随便打断。父母要以身作则多使用礼貌用语，比如："您好""请""谢谢"等。要发表观点时，也要注意使用礼貌用语，比如"你说的我都听明白了，但我有些不同的意见，希望你听听"。耳濡目染，父母要把这些教给孩子，并鼓励孩子也这样做。还要经常教育孩子，只有学会尊重，学会倾听，礼貌待人，别人才会愿意和他一起玩。

②学会关心与宽容。尊重别人，关心别人，这是交往的基础。父母要引导孩子真心地去关心别人。比如：得知平时的玩伴生病了，可以让孩子打电话给玩伴或到他家问候一下；玩伴在游戏中受伤了，要带着孩子去搀扶玩伴或帮玩伴处理伤口等，让孩子明白，用真心才会换取别人的真心。

父母在跟孩子相处时，当孩子的想法、做法跟自己不同，或者孩子做错事时，不要随意发脾气或轻易否定，要调控自己的情绪，站在孩子的角度理解和体会，给孩子改过的机会。受父母的影响，孩子也就学会控制情绪，宽容别人了。

③学会道歉与分享。在交往过程中，孩子难免会犯错。这时父母就要引导孩子及时发现自己的错误，教导孩子正视自己的错误，及时道歉，赢得对方原谅。

爱分享的孩子都比较受同龄人欢迎。父母可以采用循序渐进的方式引导孩子与人分享。一开始可以拿一些孩子平时比较不在意的东西鼓励孩子与小伙伴分享。当孩子体验到分享的喜悦后，就会慢慢变得大方，越来越愿意跟别人分享心爱的东西了。

案例追踪

小涵是一个很内向、很胆小的女孩。父母工作很忙，假期都留在家里休息，很少带孩子外出。后来多次尝试带小涵到朋友家参加聚会，他们发现小涵跟同龄人玩不到一块儿，就很担心。在我们的建议下，小涵的父母这样做：

创造机会，鼓励为主

小涵父母晚上有时间或在休息日就带着小涵在家附近散步，并且教育小涵主动跟别人打招呼，跟别人玩耍时要注意些什么等。如果遇到认识的孩子，就会带着小涵热情地与其打招呼，并问小涵想不想跟她玩，如：

妈妈问："小涵，你想跟她一起玩会儿吗？"

小涵点头。

妈妈引导："我们可以上前说'我们一起玩吧！'或'我们一起散步，好吗？'，我们一起上前跟她说，好吗？"

小涵点头说："嗯。"

妈妈带着小涵上前，示意小涵主动开口。

有了几次成功的体验后，小涵开始主动上前询问，并与其他孩子一起玩了。

关注状态，适时干涉

小涵父母细心关注小涵在玩耍中的状态，尽管孩子间起了点争执，但孩子没有主动寻求帮助时，他们就很少干涉孩子们。有次游戏中，小涵突然跑过来说想回家，妈妈一步一步引导着小涵，耐心地询问："怎么啦？"

小涵委屈地说：“本来说好是这样玩的，但她又不遵守。”

妈妈开导：“你不开心是因为你遵守规则了，而她没有遵守规则啊。那你有没有提醒她呢？”

小涵低头说：“没有。”

妈妈继续引导小涵：“那你先提醒她，相信她会遵守规则的。去吧。”

于是小涵前去提醒，并跟小伙伴继续玩起来了。

一段时间后，小涵父母经常邀请一些朋友带着孩子到他们家玩。小涵都会主动打招呼，有时也能主动去找小伙伴玩了，而且在交往的过程中也没有以前那么拘谨，跑回父母身边的次数也少了。我们告诉小涵父母，一定要坚持下去，要根据实际情况，耐心引导，坚持鼓励孩子。

孩子跟同龄人玩不到一块儿，怎么办？

扫码获取音频，阅读更轻松

五　如何提升孩子的学习能力

学习能力不仅决定孩子的成绩，还关乎孩子的全面发展。因为这其中还包括思考、合作、注意力、语言表达等各种能力。

1. 孩子学习不专心，怎么办？

家长困惑

“每次看小雨写作业我就生气，不是玩手指、玩笔，就是弄其他事情，每次都要不断催促。老师，你说这可怎么办好啊？”

“老师，轩轩都五年级了，还是那么不专心。只要我和他妈妈忙店里其他事情，他就会到11点都做不完作业。一会儿喝水，一会儿说累了要休息。怎样才能让他有所改变呢？”

“老师，小怡别的方面都还好，就是学习很不专心。说也不听，骂也不听，我真是拿她没辙了。老师，我们该怎么办呢？”

……

孩子学习不专心，怎么办？为此，我们综合多个案例，做了详细分析。

查找原因

（1）环境杂乱，他人干扰

有的家庭，对孩子学习环境的创设不够完备。干扰学习的用品抬头可见，伸手可拿，这无形中成了孩子做作业不专心的一大诱因。

还有的家庭，人多口杂，家里人经常走动、说话，难免对孩子的学习产生干扰。还有一些家长在“爱”的驱使下做了影响孩子注意力的事情，如在孩子写作业时一会叫他喝水，一会叫他吃东西等，这都会打断孩子的思维，影响孩子的专注力。

（2）孩子学习自控能力弱

孩子在做作业的过程中不专心，有可能是因为长期以来养成的注意力不集中的不良习惯。在这里我们做父母的也必须了解，不同年龄阶段的孩子注意力集中的时间是不一样的。小孩六七岁进入学习阶段，这个时期的小孩注意力相对比较集中，如果条件适宜，注意力会集中20～30分钟，但是这个时间段注意力的稳定性不大，很容易受到周边事物的影响。如果孩子前面写作业的时间已经超过30分钟，那孩子注意力不集中是很难避免的。

当然，也可能是作业难，孩子不会做，或者作业单一重复性大，孩子不想做，所以想逃避。父母应该具体问题具体分析，找到孩子不想认真做作业的原因。

（3）孩子课堂没学会

有的孩子，由于课堂上的知识点没听懂、没掌握，在完成当天作业的时候，就会遇到困难，迟迟无法下笔。一旦作业困难多，孩子的注意力就会不自觉地发生转移。如果这个时候父母没有给予太多的关注，只是在意孩子作业做完了没有，没有在发现孩子玩其他物品或停笔不写的时候去关心询问，了解孩子是否遇到困难，那么，长此以往，孩子也容易出现学习不专心的问题。

解决策略

（1）家长要给孩子营造一个良好的学习环境

我们建议，学习桌最好放在房间里，而不是放在较为嘈杂的客厅，父母应该考虑的是给孩子一个安静、有助于思考、相对独立的学习环境。同时，要清除学习桌上不必要的、会扰乱注意力的东西，减少吸引孩子注意力的因素。

特别要指出的是，当孩子集中注意力学习时，应尽量避免人为的干扰因素：父母不要总是进进出出，发出声响；更不要看电视、打麻将、大声说话等。同时家人也应该知道什么行为对孩子好，什么行为对孩子不好。教育从来都不是一个人的事情，不能单靠孩子独自成长，也不能靠父母一方解决，需要家庭成员一起努力，形成教育合力。这样，孩子才能从这个家庭中唤起自身源源不断的内动力和执行力。

（2）家长可以和孩子一起制订合理的学习时间安排表

家长要引导孩子意识到学习、写作业的重要意义，让孩子明白写作业是复习和巩固学过的知识，对掌握学过的知识很有帮助。只有孩子重视学习，才会专心学习。

凡事预则立，不预则废。所以，父母可以根据孩子的实际情况，遵循注意力集中的规律，与孩子一起讨论、制订学习时间安排表，让孩子劳逸结合。这样一来，每天每科作业有多少，大概分配多长时间完成，每隔多长时间可以休息一会，孩子就能做到心中有数。一二年级的孩子，还可以借助小闹钟提醒，例如每学习15分钟就休息10分钟。把闹钟调好，闹钟一响，该集中精神学习时就专心地学，该玩的时候就放松地玩。这样，孩子既不会因长时间做作业而觉得枯燥，也不会因为没有时间玩耍而惦记着玩。在孩子习惯养成的初始阶段，父母要关注孩子做作业的表现，及时提醒孩子的不当行为，做到温和并有原则。只要家长多鼓励，多引导，用计划和规则引导孩子集中注意力，孩子就会明白一心一意做事更有效率，也更有质量。

（3）家校合力，提高孩子听课效率

如果发现孩子在学习中遇到困难而停下来，父母当下可以进行启发式引导，并鼓励孩子主动请教老师，帮助孩子及时扫除学习障碍；接下来，父母要和老师沟通，了解孩子在学校的听课状态，跟老师一起商讨如何提高孩子听课的效率，家校合力，助力孩子学习。当孩子对课堂知识掌握好了，他在学习时就会更顺利更自信，专注力就会有所提高。

案例追踪

习惯的培养是从小开始的。一年级的小鹏，他的父母因为工作忙，回到家比较累，所以在小鹏刚读小学时忽视了对孩子学习专注力的培养，只是检查孩子做完作业了没有。后面发现小鹏在家学习时经常出现东看看西望望，玩笔玩尺子玩橡皮等不专心的现象，父母看在眼里，急在心里，多次管教后并没有好转。妈妈过来咨询，听了我们的建议后这样做：

重设学习环境

“小鹏，妈妈发现你在客厅写作业，有时会受干扰。”

“是啊，总是听到你们说话。”

“不如等周末，我们把学习桌移回你的房间吧，这样你能更安静地学习。妈妈到时和你一起整理，好吗？”

到了周五晚上，妈妈没再急着要求小鹏写作业，而是和孩子一起把置放在客厅的学习桌移回房间，并和孩子一起收拾学习桌，清除了学习以外的物品。之后每个周末都整理一次学习桌，确保没有杂物。

坚持守口 + 关注 + 适时休息

后来，当小鹏在房间学习的时候，妈妈不时会轻轻走到门口，看看孩子，家里人也不再用喝水、吃东西或其他事情打断孩子学习的思维，妈妈还根据孩子学习的时间，为他调好小闹钟适时提醒休息。

通过一段时间的刻意训练，小鹏学习的专注力有了明显的改善，学习效率和成绩也有所提升。

孩子学习不专心，怎么办？

扫码获取音频，阅读更轻松

2. 孩子学习主动性不强，怎么办？

家长困惑

“老师，我家的孩子现在都读六年级了，明年秋季就要读初中了，没有一点紧迫感，每天回到家只顾着玩，等到晚上九点多了，才开始急匆匆地写作业。”

“老师，我发现孩子在写作业时遇到稍有一点难度的问题，要不抄同学的作业，要不干脆空在那里不写，没有养成主动思考的习惯。”

“老师，我家的孩子从来不主动复习、预习功课，要家长逼着才去做。”

……

孩子学习主动性不强，怎么办？为此，我们综合多个案例，做了详细分析。

查找原因

（1）家长对孩子的学习管理不当

随着年龄的增长，孩子升入中、高年级学习后，个性越来越明显，从以前对父母的一味顺从，逐渐变为有自己的想法，如果此时父母对孩子的学习过多地干预，比如总是用说教式、命令式的口气与孩子说话，强迫孩子接受父母的想法，逼迫孩子学习，反而会引起孩子的反感，对父母的教育方式产生抵触情绪。也有部分家长担心孩子学不好而过多指导，反而影响了孩子专注力的培养和独立解决问题的能力，导致孩子学习过分依赖家长，依赖老师，而不会主动思考，独立思考，久而久之，孩子逐渐养成做事缺乏主见的性格。

（2）孩子缺乏学习的内在驱动力

很多孩子在生活中找不到人生榜样，也没有自己的人生梦想，认为学习没什么用，不清楚自己为什么要学习。也有很多父母总是想把孩子的一切都安排好，根据自己的意愿帮孩子选择该做的事，却不听听孩子的意见，这样的结果是，孩子觉得对自己的人生没有选择权，心里想着反正什么都要听父母的，跟着去做就可以了，自己有兴趣也没有用，渐渐就会失去了兴趣。有时孩子想在家长面前好好表现一番，证明自己的能力。但是，因为家长对孩子的高要求，孩子很难达到，进而心里生出一种挫败感，越来越感受不到学习的乐趣，从而对学习渐渐失去了兴趣。

（3）孩子学习效率低

学习主动性不高的孩子，往往存在学习效率低的特点。有时效率低往往不是孩子智力的问题，而是孩子不懂得如何去驾驭学习。比如，孩子没有给自己制订合理的时间安排表，对学习和玩耍不分轻重急缓，不分主次，随意性玩耍，碰到什么玩什么，没有时间概念，从而导致学习效率不高。

解决策略

（1）创造适宜孩子学习的家庭氛围

良好的家庭氛围能让孩子更加专注地学习。很多家长一味地要求孩子改变，而自己却没有跟着成长，总是认为要说很多道理孩子才会改变。其实孩子的学习兴趣是需要经过长时间的培养才能形成的，而家长们令人乏味的说教往往会事与愿违。譬如周末孩子玩的时间长了，家长不能命令式地说："还不快点去写作业！"这样孩子内心会很不情愿。此时家长可以适时提醒孩子："老师布置的作业，你完成了没有？"告诉孩子学会自我调节，首先得保证充分学习的时间，同时也要有适当玩耍的时间，做到劳逸结合。家长不能因为孩子学习上出一点差错就严厉训斥，甚至采取粗暴的动作，要让孩子在家里学习时感到平和、宁静，有舒适感。又如当孩子遇到不会做的题目时，家长不要直接告诉孩子答案，而应鼓励孩子用心思考，联系老师讲过的方法来解决，如果孩子实在找不到解题的头绪，再给予适当的指导，以免孩子养成依赖性或惰性。

（2）激发孩子学习的内在驱动力

①多读伟人传记，激发孩子积极向上的精神。鼓励孩子多读伟人传记，帮助他们找到人生的榜样，激发他们积极向上的精神。如读《硅谷钢铁侠：埃隆·马斯克的冒险人生》，孩子可以看到，埃隆·马斯克在一次次的失败中是如何重整旗鼓、东山再起。又如读《撒切尔夫人传》，孩子可以看到撒切尔夫人虽然出生在很普通的家庭，但她凭着自己不服输的性格，从杂货店老板的女儿成为英国名垂史册的首相，她用强烈的热情和执着向我们展示了一个个奇迹。当孩子在学习上遇到困难或挫折时，想起那些名人不向命运低头的故事，他会觉得如果自己想办法，也一定能成功，无形中激发孩子积极向上的学习态度。

②尊重孩子的选择，激发孩子的学习兴趣。譬如：孩子在周末闲暇之余想阅读课外书，此时家长就不要强迫孩子做学习辅导资料，不要一味地跟孩子强调辅导资料对学习成绩的提高有多大的帮助，让孩子失去学习的主动性；在假期，家长可以遵从孩子的意愿，让孩子参加自己感兴趣的课外培训，丰富孩子的假期生活，让孩子得到更全面的发展，从而激发孩子学习文化科目的积极性。

③积极暗示，帮助孩子设定有效目标。家长可以通过鼓励、肯定孩子的方式，给他设定一个“你可以做到”的积极暗示，同时多看到孩子的闪光点。家长可以用纸张记录孩子的优点或打印出来粘贴在家里显眼的地方，让孩子经常看到自己的优点，从而增强学习的自信心。家长还可以根据孩子的实际情况设定可行的目标，分阶段地细化目标去实现。譬如对于还在及格线边缘徘徊的孩子，不能要求他一下子达到85分的目标，可以先从保持及格开始，再上升5分、10分、15分，然后力争达到80分，一步一个脚印地朝前迈进，这样孩子

对学习也会有信心，力争上游，不断挑战自己。

（3）养成良好的习惯，提高学习效率

为了让孩子养成良好的生活习惯，家长可以与孩子一起制订一周详细的作息时间表，包括学习、运动、玩耍的时间，做到劳逸结合。家长可以采取积分制的形式来督促孩子养成良好的习惯，每天按时完成学习任务并坚持运动（特殊情况除外）得2分，不达标则扣1分，提前完成学习任务得3分，达标或提前完成奖励孩子半个小时自由支配的时间，如可以玩自己最喜欢的游戏，当然是健康有益的游戏。一周累积达12分，奖励孩子两本他喜欢的书，或是带孩子一起出去玩；如果达到10分，则看电视或玩电子产品的时间减为20分钟；10分以下则取消看电视或玩电子产品的时间。制定适当的奖惩制度，有利于促使孩子的自我约束能力得到更好的发展。

案例追踪

小东在家是长子，还有一个弟弟。小东性格外向，爱好打篮球，喜欢看电视和玩手机游戏，虽然读六年级了，但对完成学习任务很被动。为了能让他考上理想的初中，同时做好弟弟的学习榜样，他的父母非常焦虑，妈妈前来咨询，在听取了我们的建议后这样做：

改变管理方式，尊重孩子的意愿

一个周日，已是下午三点了，从外面打篮球回来的小东，放下篮球，又打开家里的电视机开始看电视，知道老师布置的作业小东只字未动，忙完家务活的妈妈看到这一幕，正想对小东发脾气时，转念想到不能过多地说教、训斥孩子，以免孩子对自己的管理方式产生抵触情绪。于是妈妈马上调整了自己的情绪，心平气和地对孩子说："小东，老师布置的作业，你做完了吗？学习要自己安排好，做到劳逸结合。"小东听完妈妈说的

话，虽然有点不情愿，但还是关掉了电视机，回到房间写作业去了。

因为小东爱好打篮球，妈妈帮他报了篮球兴趣班，自从上了自己喜欢的篮球培训班，小东对学习也主动了很多。

亲子共读，提高学习动力

又到周末了，已是早上八点，做好早餐的妈妈看到小东还在睡觉，便来到房间叫他起床、洗漱、吃早餐，吃完早餐，妈妈拿出前几天帮孩子买来的课外书《硅谷钢铁侠：埃隆·马斯克的冒险人生》，开心地与孩子分享："小东，你看，这是妈妈前几天给你买的书，里面的内容非常励志，相信你一定会喜欢看的。"看到妈妈对自己的关心，小东没有像往常一样打开电视来看，而是捧起了《硅谷钢铁侠：埃隆·马斯克的冒险人生》阅读着，还跟妈妈分享书中的情节。

想起以前看到孩子沉迷玩手机和看电视，自己对孩子总喜欢挖苦是不对的，于是妈妈改变了说话的方式，经常鼓励孩子："小东，你能行，妈妈相信你通过努力一定可以达到自己的目标。"小东在妈妈的鼓励和积极暗示下，也渐渐振作起来，努力学习。

看着孩子的点点滴滴变化，妈妈打心底里为小东感到高兴。

制订详细的作息时间表

一天，吃完饭后，妈妈笑眯眯地对小东说："孩子，看到你这段时间学习有进步，妈妈真为你感到高兴。如果你能制订具体的作息时间表，妈妈相信你的学习效率会更高。"听完妈妈的话，小东很乐意地接受了妈妈的建议，和妈妈一起商量制订了详细的作息时间表，贴在学习桌前面的墙壁上，让妈妈一起监督，妈妈也非常赞成孩子的做法。后来小东的学习习惯越来越好，在小学毕业考试中，小东取得了很大的进步，考上了理想的中学。

孩子学习主动性不强，怎么办？

扫码获取音频，阅读更轻松

3. 孩子不喜欢动脑筋，怎么办?

家长困惑

“老师，我家儿子已经上小学四年级了，每当遇到难题就停笔不做，不肯动脑筋，怎么办？”

“老师，我的女儿每次要写作文就不肯动脑，随便乱写，作文被扣很多分，影响整体成绩，怎么办？”

“据我了解，我家孩子上课的时候，老师一提问题，他就耷拉着头，不肯动脑。老师，您说我该怎么办？”

……

孩子不喜欢动脑筋，怎么办？为此，我们综合多个案例，做了详细分析。

查找原因

（1）孩子从小没有养成爱思考的习惯

好奇心是人类的本能，但有些家长不懂得开发和利用孩子的好奇心，培养孩子爱动脑的习惯。当孩子好奇发问时，有些家长会觉得这些都是司空见惯的事，不值得好奇。还有些家长，当孩子多问几个问题时，就感觉很厌烦，不愿意再搭理孩子。久而久之，孩子就不愿意思考和发问了。

（2）孩子畏难怕累，缺乏思考动力

学习是学生的主要任务，孩子需要付出一定的努力才会有回报，但人天生有畏难怕累的惰性，很容易懈怠，尤其是孩子。有些家长对孩子这种情况关注不足，也不会想方设法去纠正孩子的错误。长此以往，孩子对学习越来越不感兴趣，甚至讨厌学习。

（3）过分呵护，教导不当

在现实生活中，有些家长一切都替孩子做，以为这样就是爱孩子。孩子在家长溺爱下，过着衣来伸手，饭来张口的生活，很容易养成依赖成年人的习惯，成为一个什么都不会的人。时间一长，思想上也会渐渐懒惰起来，遇到事情不爱动脑。

解决策略

（1）培养孩子爱问的习惯

为了培养孩子多动脑的习惯，家长应该在孩子年幼时引导他们多发问。我们可以拿生活中的各种自然现象向孩子提问，然后和孩子一起寻求答案。

我们可以指着动物园里的大象问孩子："大象的长鼻子有什么作用啊？"；在下雨的时候，我们还可以好奇地问孩子："孩子，天上为什么会下雨啊？"

此外，我们还可以购买一些益智玩具陪孩子玩。例如，购买一些积木，引导孩子动脑筋搭建不同形状的东西，让孩子逐渐养成爱动脑的好习惯。

（2）培养孩子动脑筋的兴趣

兴趣是我们最好的老师。如果孩子对某事有浓厚的兴趣，他就会高度专注，并努力克服困难，实现自己的目标。怎样培养孩子动脑筋的兴趣呢？父母是孩子的启蒙老师，对孩子的影响是相当大的。父母应该利用自己的情感和行

为来感染和影响孩子。比如：玩数学趣味游戏、趣味问答、智力大比拼；带孩子外出，感受大自然的魅力，体验社会的美好，拓宽生活空间。

父母还可以使用激励措施让孩子品尝到动脑筋甜头，享受通过自己思考取得成功的喜悦感。即使孩子只取得了很小的进步，父母也不应该错过，要及时给予肯定，热情鼓励，有时还要适当地奖励孩子。

（3）培养孩子独立生活和独立思考的能力

家长可以尝试为孩子提供决策机会，例如让孩子决定如何玩耍、如何表演等，让孩子意识到，他们拥有决定的能力，并知道如何利用，比如清理玩具、洗脸、穿衣服、扫地等。当孩子完成一件事或者任务时，父母应及时给予大力表扬，以帮助他们建立自信心。如果孩子失败了，父母可以鼓励孩子分析失败的原因并重做。

案例追踪

小明是一个活泼的孩子，但他不喜欢动脑。写作业时，他遇到一个简单的问题，没有思考就对妈妈说：“妈妈，我不会。”说完就停笔。妈妈看了看题目，说：“儿子，这道题很简单，你动脑筋想想就会知道怎么做的了。试试看。”可是不管妈妈怎么说，小明就是不愿意自己思考。家长感到很无奈，特来寻求帮助，他们按照我们给出的建议这样做：

恰当引导，创造动脑的情境

一天晚上，小明做作业的时候，遇到一道数学难题，又大叫着：“妈妈，这道题太难了，我不会做。”便停笔不做。

妈妈走过去看了看题目，亲切地说：“儿子，你再把题目读几遍，看一下题目要求，找出解决问题的条件，我相信你一定行的。”

小明在妈妈的鼓励下，认真地读了几遍题目，疑惑不解地问：“妈妈，这个题目要求求和，我不会做。”

妈妈摸摸小明的头，说：“儿子，平时老师教你怎样求和的？你回想一下。”

小明想了一会儿，拿出数学书看了几遍，兴奋地说：“妈妈，我知道怎么做了！”

小明经过仔细分析，认真思考，终于做出来了。

妈妈激动地说：“儿子，你看，通过你自己的思考，再难的题目也不是你的对手！以后遇到难题，先不要急，静下心来思考。如果还是想不出来，可以查阅书籍，或者请教别人，懂吗？”

小明听了妈妈的话后，自信地说：“是呀！原来难题也不可怕，只要我肯动脑，没有什么能难倒我的。谢谢妈妈。”

以后，凡是小明动脑筋做对了难题，妈妈就及时肯定他，大力表扬他，有时还奖励他。经过一个多月的坚持，现在，小明做作业遇到难题时会独立思考了。

除了恰当的引导、鼓励，妈妈还经常开发趣味问答活动、智力大比拼游戏等，将数学和智力方面的问题渗透到游戏和活动中，给小明创造了动脑筋的情境，小明越来越喜欢动脑筋了，成绩也有了进步。

孩子不喜欢动脑筋，怎么办？

扫码获取音频，阅读更轻松

4. 孩子学习时总是发呆走神，怎么办？

家长困惑

“老师，我家儿子经常在课堂上发呆走神，该怎么办呢？”

“我女儿做作业的时候发呆走神，本来一个小时内能完成的作业，她要两个小时才做完。老师，怎么办？”

“开家长会时，英语老师说我儿子在做英语听力测试的时候，总发呆走神，有一半出错！老师，我应该怎么办呢？”

……

孩子学习时总是发呆走神，怎么办？为此，我们综合多个案例，做了详细分析。

查找原因

（1）精神不足

由于许多家长对孩子监管不力，放任孩子晚上长时间看电视、玩电脑以及玩耍，没有督促孩子早点睡觉，导致孩子没有充足的睡眠时间，第二天上学就无法集中精神了。

（2）注意力有限

一般来说，不同年龄段的人，注意力集中的时间是不同的。比如：5～6岁的孩子注意力集中的时间为10～15分钟；7～10岁的孩子注意力集中的时间为15～20分钟；10～12岁的孩子注意力集中的时间为25～30分钟。而处于小学阶段的孩子，还不能控制自己的意志。比如：正在上课时，孩子突然就去想自己的玩具、跟小伙伴玩新游戏等；如果课堂内容乏味或孩子思路跟不上老师，就会失去听课的兴趣，从而发呆走神。除了以上心理因素外，生理因素也可能造成孩子注意力不集中：孩子喜欢喝含咖啡因的饮料或吃掺有人工色素、添加剂的食物；孩子缺乏锌、铁等营养；孩子长期处于嘈杂、喧闹的环境，注意力也会不自觉地被分散；等等。以上种种原因，都会造成孩子学习时发呆走神。

（3）学习能力弱

学习能力是指一个人对学习各种知识所具备的能力。有的孩子因为学习能力弱，对学习有抗拒或逃避心理，因而出现学习时发呆走神的现象；也有的孩子因为学习能力弱，无法集中注意力，从而出现老是发呆走神的现象。

解决策略

（1）培养良好的生活习惯

小学阶段的孩子睡眠时间约为10个小时，入睡时间建议在9点左右，因此家长要合理安排孩子的作息时间，确保孩子有充足的睡眠时间。这样，孩子的身体和大脑才有足够的休息时间，才能有充足的精神迎接第二天的学习，以防在学习中发呆走神。在日常生活中，家长要注意培养孩子良好的饮食习惯，让孩子摄入营养均衡的食物。在家里要营造一个适合孩子学习的环境，排除一切干扰。家长也可以适当地给孩子减减压，让孩子能在学习中保持心情愉快。在家里给孩子安排的学习时间不宜太长，可以像学校课间休息一样，按照孩子的实际情况进行分段学习。休息的方式也可以采用多种形式，比如听歌、散步、呼吸新鲜空气等。这样，孩子拥有了充足的精神，也可以预防在学习中出现发呆走神的现象。

（2）训练增强孩子的专注力

在家里，家长可以对孩子进行相关的专注力训练。比如，家长可以将闹钟摆放在孩子的学习桌上，让孩子在规定的时间里完成相关的学习内容。当孩子能在规定的时间里专心完成学习内容时，家长要给予鼓励和表扬，激发他的学习兴趣。再以同样的方式完成接下来的学习。如果孩子能出色地完成学习内容，家长可以逐渐缩短孩子的做题时间。在孩子做题时，家长要教给孩子审题的方法，让孩子把题目的要求、条件用笔勾画出来，做到专心致志，真正理解题目的意思以及清楚正确的解题方法和解题思路，以防孩子因发呆走神而出错。以上这些都可以增强孩子的自信，让他感觉到“我能一心一意做好一件事”。当孩子沉醉于他所做的事情时，比如画画、制作小物品而忘记吃饭，家长不要打扰他，而是要有足够的耐心等待他完成正在专心致志做的事情。其实，当孩子忘我地完成他的工作时，也是在培养专注力。

（3）提高孩子的学习能力

家长要对孩子进行耐心的引导，启发孩子体验克服困难、获得成功的喜悦，提高他的学习能力，激发他的学习兴趣。在生活中，家长可以引导孩子根据实际情况合理安排学习内容，根据注意力集中的时间规律，前几分钟安排孩子完成比较容易的学习内容，大约15分钟后安排完成比较复杂的学习内容。当孩子遇到困难时，家长应该采取积极的态度鼓励他独立思考，让他从经验中吸取教训，找到做题的方法和技巧，不要让孩子养成依赖性。同时，引导孩子学会课前预习以及课后复习的技能和技巧，及时正确而正面地对孩子进行评价，肯定他点滴的成功之处，让孩子体会到成功的喜悦，感受到学习的乐趣。建议家长让孩子用小卡片写下自己用什么样的行动和努力达到怎样的学习目标，并把它张贴在最容易看到的地方，提示孩子主动学习，减少发呆走神的现象。

案例追踪

小光10岁，是一位三年级的男生，性格比较活泼。近来，许多老师都反映小光上课总是发呆走神，对学习没多大兴趣，情况比较严重。父母很担心，后来经过留意观察，发现原来小光晚上很晚才睡觉，导致睡眠不足，做作业时也经常漫不经心。父母经常提醒督促，情况还是不乐观，感到很无奈，特来寻求帮助，他们按照我们给出的建议这样做：

保证孩子有充足的睡眠时间

一家三口召开家庭会议。

爸爸先发言："为了保证每天有充足的精力来工作和学习，今天，我们根据自己的实际情况，制订一份最合理的作息安排表。"

小光有点兴奋，争着发言："我觉得晚上最好11点才睡。"

"你的理由是什么？"爸爸问。

"这样我可以多看一集电视剧。"小光大声回答。

"你想想，如果你每天都这么晚睡，会有什么坏处呢？"爸爸继续询问。

小光一时语塞。

"肯定上课没精神啊！"妈妈补充道。

小光点点头，问："那几点睡才合适呢？"

……

经过40分钟的商讨，最后一家人分别制订好了自己的作息时间。小光晚上的作息时间：7:00—8:00做作业；8:10—8:30看电视；8:40—9:10看书；9:30之前睡觉，并制作成小卡片张贴在显眼的地方。如果小光每天按规定完成任务，就奖励10分，累积到100分时，奖励一件小礼物或带他吃大餐。

在妈妈的坚持下，小光逐渐养成早睡早起的习惯，起床时不再那么拖拖拉拉了，学习的时候也比较有精神了。

在家里给孩子营造良好的学习氛围

在家里，父母给小光提供了一个安静的学习环境。当小光学习的时候，家里人没有在小光学习的范围内走来走去的现象，随意干扰他。父母能够引导小光自行安排作业的内容（先做容易的，后做复杂的），并提供闹钟以作提示，提高了小光的专注力。同时，父母与老师保持了紧密的联系，经常询问小光上课的情况。

现在，小光上课发呆走神的现象越来越少，但后面还需要父母在日常生活中合理安排小光的饮食，做到营养均衡，督促小光做适当的体育运动，继续和老师保持沟通，激发小光的学习兴趣。

孩子学习时总是发呆走神，怎么办？

扫码获取音频，阅读更轻松

5. 孩子偏科，怎么办?

家长困惑

“老师，我那读二年级的儿子数学成绩一直不错，但语文成绩总是70多分，真让人担心！”

“女儿读四年级了，对学习语文、英语很感兴趣，成绩常保持在90分以上，但就是没兴趣学习数学，数学成绩差。老师，我都不知道该怎么办了。”

“老师，我家孩子语文、数学的成绩还不错，但英语就差得远了，现在已经五年级了，怎么办啊？”

……

孩子偏科，怎么办? 为此，我们综合多个案例，做了详细分析。

查找原因

（1）对弱势学科不感兴趣

首先，孩子对哪个科目感兴趣和他的先天智力发展是有关系的。比如：有些孩子逻辑思维比较强，学习数学很轻松；有些孩子阅读能力比较弱，对语文就不太感兴趣了。对于小学生来说，由于先天智力造成偏科的情况还是极个别的，而且只要掌握适当的学习方法，这些都是可以通过勤奋努力弥补的。

其次，有些孩子学习个别科目开始“掉队”时没有觉察，知识“脱节”了，导致基础没有打好，学习跟不上。而有些孩子呢，由于学习方法不当或学习方法不适合他，结果也不理想。这些孩子在考试中屡屡遭受失败，经常受到老师或家长的批评，缺乏成就感，找不到学习该科目的乐趣，久而久之，就失去兴趣和信心了。

（2）抵触老师，恶性循环

孩子偏科，有的时候是受老师影响。孩子主观意识强，不喜欢某位老师时，往往也不喜欢该老师所教的学科，从而出现上课走神、作业马虎拖拉等现象，导致该科学习成绩下降。比如孩子不喜欢语文老师或数学老师，原因是老师上课太枯燥，课堂气氛沉闷，没有吸引力，那么孩子课堂上不是玩玩这个，就是找同学聊天……老师发现了当然会提醒或批评。孩子经常受到批评，自然对该学科失去兴趣，负面情绪更强，更不喜欢这位老师了。久而久之，就会形成恶性循环。

（3）缺乏均衡发展的意识

很多孩子觉得只要有成绩优秀的科目就行了，其中有一科或两科差一点也没有关系。他们还未意识到“瘸脚将军”无法独行天下，所有初中录取学生都是以三科总分为标准的，如果小学三科没有打好基础，初中一下子增加好几门学科，就会学得更吃力。再从社会发展和高校需求层面来看，现代社会越来越重视复合型、交叉型人才的选拔和培养。但小学生年龄小，他们还没有意识到三科均衡发展的重要性。

解决策略

（1）激发孩子学习“弱科”的兴趣

①及早发现，趁早纠正。偏科不是一朝一夕造成的，若孩子做个别学科作业拖拉，敷衍了事，错误率高，这极有可能是偏科的预兆。这时，家长一定要关注孩子的学习，平时多跟老师沟通，了解孩子的课堂情况，究其原因，及时纠正。

②循序渐进，鼓励为主。如果孩子是缺乏学习某学科的才能，或基础不

扎实、学习方法不恰当，家长要引导孩子不要妄自菲薄。家长要积极跟老师沟通，帮助孩子找到适合他的、科学有效的学习方法。比如孩子不会拼拼音，家长就可以带上孩子找老师商讨如何做并制订计划。例如每天花费半小时，每5分钟拼出3个拼音，半小时就能拼出18个拼音了。一定要注意，纠正偏科不宜心急，要循序渐进，分解学习目标，定下阶段性的小目标。

在这个过程中，细心发现孩子取得的每一点进步，及时鼓励表扬；当孩子遭遇挫折时，要帮助孩子分析原因，避免说“我也有过类似经历啊”之类的空话。此时，告诉孩子：“不要紧的，你已经很勇敢地尝试了，我们都看到了你的努力！你能学好一科，其他科也一定行！”这样正面强化，孩子才不会产生畏难心理。长期下去，孩子学有所得，兴趣才会增强。

③家庭氛围，潜移默化。如果孩子的英语学习不理想，家长可以跟孩子一起看一些英语原声电影或中英文绘本；要想语文方面有进步，可以经常带孩子到图书馆看书，或者多与孩子进行亲子阅读；数学方面就可以买些有关培养数学思维的趣味书籍，引导孩子阅读。日常生活中，寓教于乐，潜移默化，增强孩子对学科的了解与关注，从而培养兴趣。

（2）引导孩子跟老师建立良好关系

首先，家长要好好跟孩子沟通，耐心倾听孩子表达，了解孩子不喜欢老师的原因，并尊重孩子的消极情绪。家长可以这样说：“发生了这些事情，你一定很不开心，换成妈妈，我也会很不开心。”接着，引导孩子懂得学习是为了充实自己，因为不喜欢老师而马虎对待某一学科的学习，是极其愚蠢的行为；再引导孩子调整心态，换位思考，产生共情，理解和悦纳老师。在得知孩子受到老师表扬后，家长先肯定孩子优秀的表现，再这样说：“看来老师注意到你的努力了，再接再厉！”多用这样的正面语言引导孩子接纳老师，消除对老师的隔阂和抗拒心理。

其次，家长要主动和老师沟通，委婉地道出孩子偏科的原因，跟老师交换意见，请老师关注孩子的闪光点和努力点，并及时对其进行肯定和鼓励。平时在家发现孩子做得好的地方，比如做作业很认真、做得全对等，可以主动联系老师反馈情况，以便老师第二天能更多地肯定、表扬、鼓励孩子，增强孩子的自信心。

总之，如果这两方面工作都做到了，跟老师“里应外合”，积极配合，那么因为不喜欢老师而引起的偏科情况就会得到改善。

（3）增强孩子均衡发展的意识

首先，家长要向孩子阐明三科不均衡发展的弊端，如果一个人的“短板”更短，那就像一栋高楼大厦地基不稳，是件非常危险的事情，让孩子领悟各学科互相促进的道理。比如想当医生，除了具备医科知识外，还需要实战经验、语言表达的艺术等。

然后，家长可以引用一些名人故事或亲人朋友的表现作为榜样，引导孩子明白学知识就跟长身体一样，需要多种营养，每一门课程都是促进智慧增长的营养素，一样都不能少。社会需要复合型人才，我们应该全面发展。

案例追踪

三年级的小敏非常喜欢语文、英语老师，对学习这两门课兴趣浓厚，表现优秀，经常受到老师表扬，考试成绩每次都达到90分以上。但自从三年级换了数学老师，数学基础本来就不扎实的她，因为经常被数学老师批评，所以对学习数学失去了兴趣，对老师也越来越多怨言，数学成绩总是上不了80分。我们根据小敏的实际情况做了具体的分析，在我们的建议下，小敏妈妈这样做：

究其原因，缓和师生关系

妈妈与小敏并肩而坐，关切地问：“小敏，最近你的数学成绩有所下滑，妈妈很担心。能告诉妈妈，发生什么事了吗？”

小敏低下头说：“数学很多题不会做，老师总是批评我，我不喜欢老师。”

妈妈搂着小敏的肩膀，轻声安慰说：“嗯，如果老师批评我，我也会不开心。那如果数学题做对了，老师就不会批评了，对吧？”

小敏点点头。

妈妈继续引导：“你想想，老师批评其实是为了让我们重视自己的不足，希望我们想办法做好，所以老师很负责任。我们做错了，要慢慢学会接受别人的批评及正确的意见，这样我们才会有进步。你说是吗？”

小敏回答：“嗯。”

妈妈接着开导小敏：“那我们找个时间去问问老师怎么做才能提高做数学题的准确率，好吗？”

小敏微笑着点点头。

接着，小敏妈妈带上小敏与数学老师坐下来真诚地谈了谈，一起找出了孩子的问题症结——数学基础不扎实，特别是计算这一方面。接着小敏妈妈与老师探讨适合小敏的学习方法，并承诺会配合老师。

小敏妈妈私下还请老师多关注小敏的闪光点，及时表扬小敏。

执行计划，注重引导

事后，小敏妈妈跟小敏一起制订一个切实可行的计划，坚持每天练习5道算术题，做对1道积1分，积累到一定的分数就能得到奖励，做错了就一起分析错因，重做该题。一个月过去了，小敏有几次数学考试都拿到80分以上的成绩，受到的表扬也越来越多了。

特别是收到老师表扬孩子的信息时，小敏妈妈就会很注重引导孩子理解支持老师。

妈妈对小敏说：“小敏，数学老师发来信息，表扬你今天上课很专心，眼睛一直看着老师，还举手回答问题，昨天的算术小试卷也做对了很多题。”

小敏笑着说：“嗯，老师还说我最近进步很大呢。”

妈妈竖起大拇指说：“看来你的努力老师都有看在眼里哦。老师和妈妈都相信你一定能学好数学的！加油！”

小敏开心地点头，说：“嗯！”

现在，小敏已经渐渐喜欢上数学老师的课，对学习数学也产生了兴趣。我们告诉小敏妈妈，不要心急，一定要循序渐进，坚持下去，才能改善孩子偏科的情况。

孩子偏科，怎么办？

扫码获取音频，阅读更轻松

6. 孩子经常没完成作业被老师投诉，怎么办?

家长困惑

“孩子写作业一点也不自觉，每次写作业都要盯着他，否则作业就完成不了，老师，怎么办？”

“老师，今天孩子又没有完成作业被数学老师投诉了。真烦，怎么办？”

“打也打了，骂也骂过了，孩子就是不完成作业，真让人抓狂！老师，我该怎么办？”

……

孩子经常没完成作业被老师投诉，怎么办？为此，我们综合多个案例，做了详细分析。

查找原因

（1）家长的管教不到位或方法不当

家长忙于生计，对孩子的管教只停留在口头上，以致管教不到位；其次，家长缺乏科学的管教方法，对孩子的教育不懂得先控制情绪，再处理问题，只会批评、责怪、抱怨，甚至打骂，对孩子的管教显得束手无策；再次，有的家长崇尚让孩子自由快乐成长的理念，放任孩子的学习。因为家长的管教不到位和方法不当，家长对孩子缺乏必要和科学的引导，孩子难以养成良好的学习习惯，难免出现经常没完成作业的情况。

（2）孩子不愿意写或写得慢

孩子不愿意写作业主要是因为孩子缺乏学习兴趣，没有意识到写作业是自己的责任，反而认为作业是为老师和家长写的，所以学习主动性差，自控力弱，责任心缺乏。

孩子作业写得慢还可能是因为学习习惯不好，不专注，做作业拖拉，一个作业总要磨蹭很久；还有的是因为学习能力较弱，导致作业不会写，每题都需要想很久才能写出来，甚至完全想不出来，只能空着。

解决策略

（1）家长学会反思

首先，父母双方一定要重视孩子家庭教育的问题，并做好沟通，统一方向，协商好管教策略以及管教的分工。其次，家长要加强学习，通过阅读、上网浏览、聆听家庭讲座等方式，学习科学的家庭管教方法,更新教育理念，培养孩子的学习兴趣和良好的学习习惯。

这里给家长推荐一些有关家庭教育的书籍，如《父母的语言》《如何说孩子才会听，怎么听孩子才肯说》《好妈妈应该这样辅导孩子写作业》等。孩子在不断学习和成长，家长也需要不断学习和成长。总之，想要孩子改变，家长先要学会反思。

（2）与孩子一起制订学习规则

家长可以跟孩子商量并制定有助于解决学习问题的规则，以培养孩子的责任心和良好的学习习惯，具体操作如下：

第一步：定环境

安静整洁的环境更有利于学习，所以家长需要创设一个让孩子不受干扰、独立、安静的学习空间。书桌和周围不能摆放其他杂物以及可能分散学习注意力的物品。此外，孩子还需要保持书桌以及周围环境的整洁。

第二步：定时间

首先，家长可以和孩子一起根据科目把学习时间分段，让孩子自己估计完成时间；然后，了解孩子的作业量，并跟孩子沟通将时间控制在合理的范围内，中间可以适当休息五分钟。最后，让孩子自己制作时间安排表，并按照自己定下的时间表来学习。完成准备工作后，家长可以在孩子写作业时，安静地计算并记录时间，等孩子完成后，让孩子把实际完成时间与估计完成时间进行对比，引导孩子更合理地安排时间。

第三步：定要求

家长可以事先跟孩子约定好写作业的要求，如：孩子每天回家要向家长复述一天所学的课程内容及老师布置的作业，然后核对作业登记本。还应跟孩子约定检查作业的要求，如：怎样检查作业才算完成，从而避免漏写作业。

制定好规则后，家长应帮助孩子把规则写下来，以示重视。然后让孩子按照制定的规则执行，作业完成后引导孩子自评，让孩子意识到写作业是自己的事情。

（3）持之以恒，逐步放手

家长开始的引导和陪伴，是为了以后的独立完成。一年级是指导阶段，二年级是引导阶段，三年级是逐步放手阶段。开始放手时，家长可以适当地陪伴。如孩子写作业时，家长可在旁边读书看报，也可以悄悄地观察孩子。当孩子做作业拖拉时，给予提醒和鼓励。孩子完成作业后，家长应让孩子自己检查作业是否完成。孩子检查作业时家长还需要注意以下几点：首先，家长应该给予指导，但不要显得自己比孩子强。其次，孩子自己检查作业的时候，家长不应该干预太多，更不应该在旁边指指点点。最后，只能给孩子进行大致的复检。

如果是作业量多的，孩子完成不了的，家长应先安抚孩子情绪，但不要否定和批评老师，等孩子情绪缓和了再鼓励孩子继续完成。如果作业量确实太多，家长可先了解情况，然后私下和班主任或相关科目的老师沟通。

案例追踪

妞妞是一个三年级的小女孩，学习成绩还不错。父母非常重视妞妞的学习，写作业时，妈妈总是坐在旁边盯着，还要帮她检查。在妈妈的监督下，作业都可以按时完成，但后来妈妈生了弟弟，就没时间陪她写作业了。妞妞做作业开始不自觉，经常被老师投诉没有完成。面对老师频繁的投诉，妈妈感到既羞愧又生气，把妞妞狠狠地训斥了好几次。妞妞每次口头上都答应妈妈会自觉完成作业，但是过了一两天又故态复萌。家长向我们求助，我们给出了具体的建议，家长接纳了，并进行了实践：

控制情绪，一起解决问题

一天，妞妞又没有完成作业被老师投诉了，妈妈感到很生气，甚至想揍孩子一顿。但妈妈记得我们给予的建议——先处理情绪，再处理问题。于是妈妈先控制好自己的情绪，反复做了几次深呼吸，并对着镜子说："我为什么要和孩子发脾气呢？生气发脾气只会让一切变得更糟糕！我一定要心平气和地帮助孩子解决问题。"

妞妞放学回来就像打蔫的花儿，这时妈妈已经调整好情绪，平静地说："妞妞，今天老师向我反映你没有完成作业。"

妞妞有点害怕，等着妈妈责骂。

"我想你一定也希望好好完成作业的，我们好好谈谈，看看妈妈能不能和你一起解决问题？"

内心充满了担心与不安的妞妞点点头。

"自从弟弟出生以来，妈妈陪伴你的时间少了很多，没有时间管你的学习，真对不起。"

妞妞的泪水夺眶而出，妈妈抚摸着她说："孩子，只要你愿意改正，爸爸和妈妈都会帮助你的。我们叫上爸爸一起来商量怎样解决这个问题吧！"

于是，一家人聚在客厅认真地商讨解决方法。原来妞妞不是完全不写作业，只是经常漏掉部分作业没写完。为了不漏掉作业，妈妈建议妞妞每天放学后应先回顾一天所学的课程内容和老师布置的作业，然后自己核对作业登记本，看看是否有漏登记的作业。另外，家长还引导妞妞制定写作业的规则和学习时间安排表。

在父母的帮助下，妞妞终于把写作业的规则和学习时间安排表制定好了，并把它们张贴在自己的书桌前。妞妞也很乐意按照自己定的规则去做，每天做完成作业也会自己对照作业登记本检查一遍，最后给家长签名。

适当提醒

妞妞写作业有时会走神变得拖拉，爸爸会这样提醒：“是不是遇到了很难的题目做不下去了，要爸爸帮你一下吗？”“相信你很快就会做完，爸爸等着你好吗？”“已经做了20分钟了，加油！”这些鼓励的话语能把妞妞的注意力重新拉回到学习上。

题目不会做时，爸爸会鼓励妞妞独立思考：“翻开书复习一下相关内容，再静心思考一下，相信你可以自己解决它。”

漏写作业时，爸爸会提醒妞妞再次复查：“孩子，你有一个数学作业好像漏了。是自己再对照作业登记本看看，还是爸爸告诉你？但是爸爸更希望你自己发现它。”

渐渐地，妞妞写作业变得自觉了，父母也不用盯着孩子写作业，孩子再也没出现没完成作业的情况了。

孩子经常没完成作业被老师投诉，怎么办？

扫码获取音频，阅读更轻松

7. 临近考试，孩子满不在乎，怎么办？

家长困惑

“期末考试快到了，我那孩子还天天只顾着玩，对学习一点都不上心，真不让人省心。老师，该怎么办啊？”

“老师，下星期就要考试了，我让孩子抓紧时间好好准备考试，他却跟我顶嘴，说自己不用准备就能过关。该怎么办呢？”

“老师，都快考试了，我那儿子还在看课外书，任由我怎么催，他都把我的话当耳边风。我嘴皮子都快磨破了，他却无动于衷。您看，有什么好办法？”

……

临近考试，孩子满不在乎，怎么办？为此，我们综合多个案例，做了详细分析。

查找原因

（1）孩子学习动力不足

有部分孩子对学习抱有无所谓的态度，他们根本不会在乎考试，这主要是由孩子学习动力不足所致。

首先，孩子的学习动力在家庭中被无意识地削弱。有些家长有意无意地在孩子面前抱怨本职工作，或是表现出对凭运气一夜暴富之人的推崇，或是经常谈论吃喝玩乐。在这种好逸恶劳的家庭氛围下，家长对孩子“勤奋学习”的叮嘱显然是苍白无力的，孩子自然不会把学习当一回事了。面对这样的孩子，家长一般都是简单、直接地唠叨、斥责，甚至严加控制，这往往会激发孩子的抵触和反抗，最终孩子的学习动力没有得到提高，反倒引发亲子矛盾。

再者，教师在工作中不当的教育方法，通常会增加学生的学习难度，使学生更难感受到学习的成就感与快乐，降低其学习热情，从而导致学习动力不断下降。

另外，负面的社会舆论对学生正确认识学习的意义、培养认真勤学的学习态度有着消极影响。尤其是近年“网红”盛行的现象，部分人宣扬和信奉“学习无用论”。这极易助长小学生急功近利、不劳而获的思想，学习动力也随之减弱。

（2）孩子轻视考前的冲刺复习

一些孩子，尤其是学习很认真、很努力的孩子会简单地把考前复习等同于常规性复习。他们会认为自己平时一向按老师的要求坚持复习，把该记的内容都记住了，需要掌握的知识也掌握了，考试前再花时间复习，就显得有些多余，甚至是浪费时间。因此，他们在考试前静静地等待，觉得这样也能取得好成绩。殊不知，考前的复习是具体、有针对性的冲刺复习，它能直接显著地提高成绩。

（3）家长过分看重考试成绩，把焦虑情绪强加在孩子身上

谈到学习，总离不开考试，离不开成绩。现代社会竞争日益加剧，而许多竞争又转化为考试的竞争，很多时候，优秀的成绩就成了“名校”“名企”的敲门砖。部分家长一心“望子成龙，望女成凤”，总想让孩子以优异成绩换取好学校、好工作、好未来。于是，他们就把成绩看作一切，片面追求分数，自然就把成绩当作评判孩子优劣的“唯一标准”。

这部分家长一方面在心中为孩子设定了过高的期望值，另一方面又担心孩子达不到目标。为了不让孩子“输在起跑线上”，他们从孩子的小学阶段就

开始紧盯着分数不放，理所当然地认为只要孩子把时间都花在学习上，不断地看书、做题就会记得牢，考得好。尤其在考前的黄金时间抓得更紧，他们甚至为孩子布置额外的练习，让孩子参加课外补习班等，想方设法增加孩子的学习任务，以为这样就能弥补不足，达到预期的目标。显然，这种做法是不科学的。他们只是在盲目追求高分数，忽视了影响学习成绩的真正因素，忽略了孩子的接受能力和适应能力，这有可能会给孩子施加过大的压力。孩子重复、机械地做题，会觉得疲倦与枯燥，导致学习效率降低，学习效果适得其反。其实，这正是家长们不自觉地将自己的焦虑情绪投射到孩子身上的表现。

解决策略

（1）提高孩子的学习动力

当孩子感受到父母对自己的爱时，他特别愿意努力学习以赢得父母更多的关爱。因此，建立亲密的亲子关系十分重要。第一，多关心孩子。哪怕工作再忙，家长也要想办法抽时间跟孩子交流，多听听孩子的想法，了解孩子的需求。对于孩子所提出的合理要求，家长应尽量满足。第二，多与孩子分享学习生活的乐趣。家长可以让孩子聊聊学校生活中的趣事，边听边表露出感兴趣、羡慕、赞赏之情，适时引导他喜欢学校、喜欢老师、喜欢同学，并把这种喜欢的情绪转化为“为喜欢的人而努力学习”的动力。除此之外，家长应该细心捕捉孩子对新知识所流露出来的求知欲，及时强化；还可以有意识地与孩子分享学习到新知识的快乐，同时强化他积极思考而最终恍然大悟、顿开茅塞的兴奋心情。总之，想方设法让孩子体会到学习的快乐。

其次，家长要放弃简单粗暴的教育方式，取而代之的是多欣赏孩子，培养孩子的自信心。自信的力量能够让孩子获得挑战困难的决心，面对学习，自然也会迎难而上。家长可以挖掘孩子身上的闪光点，给予赞赏；放大孩子身上的优点，给予肯定；认可孩子的努力；夸奖孩子的坚持；积极鼓励孩子面对挑战，耐心指导他们克服困难，为他们在各方面取得的进步喝彩。

“读书不是唯一的出路，却是一条好出路。”家长要告诫孩子，永远不要认为学习无用。社会像个大筛子，能留下的都是精英。随着时代发展，社会竞争将会越来越激烈，有真才实学的人，才能更好地把握机遇，脱颖而出。相比之下，没有知识和学问的人会面临更多严峻的考验，容易被社会淘汰。

最后，家长可以多与老师沟通，请老师多关注、多表扬、多鼓励孩子，并配合老师设法增加孩子学习的成功体验。

（2）让孩子重视考前的冲刺复习

不管孩子平时学习是否用功，家长都要教育孩子不能忽视考前的复习。家长可以跟孩子直接说明，考前的冲刺复习与平时的常规性复习是不一样的。考前复习更多的是一种整理性、针对性、突击性的复习，更倾向于梳理知识网络结构，以便查漏补缺，有利于弥补自己的弱项和不足之处，对于提高考试成绩有显著帮助。

冲刺复习时可以适当开展模拟演练，进行考前强化记忆和强化练习，以此增强“题感”，调适心理。通过模拟演练，孩子不仅可以了解到考试范围、题型、题量和时间长短等考试信息，提前考虑答题策略，有效降低考试途中出现慌乱的概率，把握答题节奏；还能够提前熟悉和适应考场的紧张气氛，快速进入考试状态，从容应考。

（3）正确看待孩子的学习成绩，做心态平和的家长

学习成绩仅是某一次考试的卷面得分，反映孩子在前一阶段对所学知识的掌握情况，通过了解情况以便于调整和改进教与学。分数的高低，并不代表孩子实际水平的高低，而且现在成绩的高低，并不决定以后成绩的高低。学习成绩即分数只是学习结果的外在表现，而学习结果又是由学习态度、学习习惯、学习方法三者共同作用的结果，并非是单一方面决定的。由此可见，影响学习成绩的因素有很多方面，分数并不能作为衡量孩子能力的唯一标准，它只是衡量孩子学习成果的一个重要的显性指标。因此，家长们不能忽视成绩，但也绝对不能因为一时的成绩落后而把孩子的未来全盘否定。何况，与学习结果

相比，学习过程更为重要。

家长们还要学会放下自己的焦虑情绪。首先，家长可以通过老师了解孩子的情况，根据孩子的实际水平，尝试确定一个符合其能力的学习成绩期望值。其次，家长要以一颗平常心接纳孩子的学习成绩，并把关注焦点放在孩子的学习过程上。如果孩子确实很用功，就不要吝啬表扬，要鼓励他继续努力。再者，当家长发现孩子在考试前做一些与学习无关的活动时，如看电视、玩游戏、打篮球等，也无须过于紧张，此时可能是孩子在进行自我调节。只要孩子是适时、适度地参与休闲娱乐活动，家长就不必担心，更不要干涉、阻止，毕竟劳逸结合是有利于放松身心、提高学习效率的。最后，家长要重视并坚持培养孩子良好的学习态度和学习习惯。

案例追踪

星期一早上，小翠妈妈来到学校向老师反映，从一周前开始，小翠每学习一段时间后都会去“玩”，越是临近考试，“玩”得越厉害。在刚过去的周末，小翠又是看课外书，又是到小区楼下打乒乓球、玩游戏，似乎不把一周后的期末考试放在心上。小翠妈妈多次劝阻无效，又担心小翠因贪玩而耽误了期末考试，于是希望老师帮忙想想办法令小翠收起玩心，让她把精力都放在准备期末考试上。

我们经过详细了解后，发现并不是小翠贪玩不顾学习，而是小翠妈妈为孩子的期末成绩感到担忧，把焦虑情绪投射到孩子身上了。我们向小翠妈妈解释，小翠的“玩”只是在释放压力，是孩子调整自己状态的方式，并不是真正意义上的贪玩。我们还向小翠妈妈分析了影响学习成绩的各方面因素，消除了她对学习成绩的错误看法，同时指出她需要学会放下自己的焦虑情绪，并给出了相关建议。

小翠妈妈接受了我们的建议，当天下班回家后，她这样做：

理解和接纳

小翠妈妈一进家门，就碰见小翠正要出门，她下意识地皱着眉头，说：“怎么又要出去玩？离考试都没几天了，抓紧时间学习去！”

“我学累了，需要到外面放松一下。”小翠不耐烦地说。

妈妈愣住了，她意识到自己又把焦虑情绪投射到孩子身上了。她定了定神，温和地说：“哦，原来是累了，那是应该适当放松的。”

小翠瞪大眼睛看着妈妈，不可思议地问：“你不反对？”

“当然不反对！这段时间你也的确很勤奋，辛苦了。”妈妈拍了拍小翠的肩膀，“一直埋头学习，身体会吃不消的。你出去动一动，让大脑歇一歇，回来再继续。”

“你不会担心我玩得太过而无心学习吗？”小翠追问道。

虽然妈妈内心还有些不安，但她努力地调整自己的心态，最后选择相信孩子：“你已经长大了，会懂得分寸的。”

“放心吧，我早已制订好复习计划了。时间一到，我会马上回来学习的。我出门啦！”小翠高兴地向妈妈挥了挥手。

妈妈会心地点了点头，挥着手，微笑地说：“注意安全。”

自此之后，小翠妈妈开始细心留意孩子的学习，发现小翠基本上能够合理地安排学习任务。对于小翠的自觉表现，她也给予表扬。渐渐地，小翠妈妈对于孩子学习成绩的焦虑情绪逐渐减轻，最终完全消除了。

临近考试，孩子满不在乎，怎么办？

扫码获取音频，阅读更轻松

8. 孩子考试前过度焦虑，怎么办？

家长困惑

“老师，我的儿子这几天都睡不好，而且静不下心来看书。眼看要期末考试了，这可怎么办呀？”

“近段时间，我那孩子总是跟我提到害怕考试，担心自己考不好，这次还急得在我面前哭了。老师，您能给我想想解决办法吗？”

“进入复习阶段后，我女儿学习状态逐渐变差，学习时难以集中注意力，心烦意乱，还动不动冲着我们发脾气。老师，您看这该怎么办啊？”

……

孩子考试前过度焦虑，怎么办？为此，我们综合多个案例，做了详细分析。

查找原因

（1）不良的学习习惯

复习迎考阶段的学习强度大，能量消耗也大。在这个阶段，很多孩子都争分夺秒地学习，忽视了体育锻炼，甚至经常熬夜，减少了睡眠时间，导致学习疲劳，学习效率下降，更易诱发焦虑情绪。

（2）学习准备不充分

考试旨在检查学生知识掌握情况。如果孩子平时学习不认真，学习基础薄弱，知识掌握不扎实，就容易对考试缺乏把握和信心，产生考试焦虑。

（3）错误的认知评价

认知评价是学生考试焦虑形成的不可忽视的因素，它包括学生对考试所认定的意义，对成绩的期待，对自己表现的评价等。对于考试过度焦虑的孩子，他们对考试和自身应试能力没有一个正确的认识和评价，往往在主观上认定甚至夸大考试的可怕性，错误地评估自己的能力，却又对成绩产生过高的期待，从而陷入焦虑。

（4）父母的要求和期待过高

家庭是孩子情感依赖的中心，父母的教育观念和方式在很大程度上影响着孩子的认知和态度。如果家长没有客观地认清孩子的实际能力，又过分关注孩子考试的成绩，盲目跟风追求高分数，以考上重点中学或取得各科优秀等目标来要求孩子，对孩子寄予过高的期望，就会给孩子带来过重的心理压力。另外，父母的这些期望还可能对孩子产生误导，使其过分关注考试成败。孩子对考试结果过分地紧张和担忧，会导致发展为考试焦虑。

解决策略

（1）调整学习与生活的节奏

家长要让孩子在考试前保持正常的生活节奏，督促孩子科学地作息，并合理安排饮食。

大量研究表明，不间断地学习并不科学。适度的体育锻炼或休闲娱乐活动，可以有效缓解大脑疲劳。家长可以指导孩子对学习和活动进行适度调节，尽量把一些重要的学习任务安排在大脑高度兴奋的时间段完成。一般来讲，6：00—7：00，8：00—11：00，14：00—16：00，19：00—22：00，这四个时间段大脑处于高度兴奋状态。科学用脑，劳逸结合，不仅可以放松心情，消除紧张情绪，还可以有效提高学习效率。

在复习迎考阶段，孩子的体力和脑力消耗都非常大。根据小学儿童的生理发展规律，这个阶段的孩子每天必须有8～10个小时的基本睡眠时间，才能保证精力充沛，头脑清醒。除此之外，还要补充足够的能量。在一般的日常饮食基础上，家长可以适当地给孩子补充一些如牛奶、胡萝卜等健脑的食品，这对于提高学习效率很有帮助。

（2）做好充分的知识储备

知识的储备应从平时抓起。家长应该引导孩子立足平时，努力学习，要求孩子认真对待家庭作业，限时独立完成和检查，把每次的作业当作考前“练兵”，从中发现知识的缺漏，及时补救。另外，家长要跟孩子强调及时复习的重要性，让孩子做到每天及时复习，及时巩固知识。久而久之，知识储备自然越来越多。面对考试，孩子就有了底气和信心，考试焦虑也就随之减弱甚至消失。

（3）帮助孩子调整认知

首先，家长要帮助孩子正确认识考试的意义，端正考试动机。对于学生而言，考试固然重要，但不是学习的目的。它只不过是平时学习状态的反映，是一种展示和检验自己才能与所学知识的手段，从中能够暴露出自己知识体系中的薄弱环节，利于及时修正，以达到巩固提高的目的。家长应该明确地告诉孩子，考试成绩并不能作为衡量个人优秀与否的唯一指标，不要过分看重考试的得失。

其次，家长可以借助纵横比较的方法，帮助孩子正确估计和认识自己的能力，给孩子指出努力的方向和目标。纵向比较就是自我比较。家长可以引导孩子根据历次考试的情况，梳理出自己的强项和弱项，之后，以此为依据，合理地安排时间和分配精力进行复习。横向比较就是把自己与他人进行比较。这可以让孩子了解目前自己在所有考生中的排名，由此确立适合自己能力水平的目标。一般来说，与孩子的能力水平相匹配的目标是比较安全的，而稍稍超出孩子能力水平的目标是最适合的。

家长还可以直接告诉孩子，在小学阶段的考试中，一般的题目都是考查基础知识和基本技能，极少出现偏题、难题，让孩子不要担心，轻松迎考。

（4）家长给孩子心理减压

首先，家长要端正自己的育人观念，纠正不正确的应考观念和做法，不要做出不良的“暗示”和不客观的“承诺”，给孩子进行心理“松绑”。如不要过度地拿别人家孩子的成绩与自己孩子的成绩进行比较，也不要盲目地答应孩子以成绩换取一些不合理的要求。

其次，给孩子情感上的支持。家长可以花些时间与孩子进行沟通，了解孩子的心理状况。当觉察到孩子的担心与不安时，适时给予支持和鼓励。

最后，家长可以教给孩子一些简单的调节紧张情绪的方法。孩子在感到紧张的时候，可以做几个深呼吸，并且不断为自己鼓劲加油，可以反复默念“我已经准备好了”“我相信自己”等一些肯定自己的暗示语，甚至可以想象一些轻松、愉快、舒适的情境，想象自己在考试中取得优良成绩，以此减轻或化解紧张情绪。

大多数考试焦虑的孩子通过上述措施都能够有效缓解焦虑情绪。另有少数孩子因过度焦虑而伴有强烈的生理反应，就必须及时求助专业的心理工作者，进行专门的心理辅导或治疗。

案例追踪

期末考试临近，小程的表现有些反常。据小程妈妈反映，近段时间，小程几乎没有外出参加休闲活动，只顾埋头复习，学习时间延长；食欲减退，饭量减少；精神紧张不安，情绪焦躁，思绪烦乱，难以全身心投入学习中，学习效果不佳。基于小程的上述表现，小程妈妈特向老师求助。

老师根据小程妈妈的描述，基本确定小程的情况属于考前过度焦虑。为此，老师给小程妈妈提供了相关建议，小程妈妈也采纳了老师的意见，回到家后，对小程这么做：

积极沟通，分析原因，从行动上给予关心和支持

小程又急得双手挠头，生着闷气：“怎么就记不住！”

妈妈关切地问：“怎么了，发生什么事？”

“别烦我，我已经够烦了！”小程冲着妈妈吼道，又埋头在书中。

妈妈走进厨房倒了一杯温水，来到小程身旁坐下，轻声地说：“状态不好的时候，喝杯水，闭着眼睛养养神，稍微歇一歇，之后会记得更轻松哦。”小程抬起头，疑惑地看着妈妈。

妈妈温和地说：“你是不是担心自己期末考试考不好？”小程把头一撇，抿了一口水，犹豫地点了点头。“为什么呢？”妈妈接着问。

“我还有很多内容没有复习，要是考到了，我肯定答不出来。”眼泪在小程眼里打转，他为自己还没准备好考试感到苦恼。“我一直记一直记，但就是记不住，我太笨了。快要考试了，我要让你和爸爸失望了……”

妈妈把小程搂在怀里，轻轻地抚摸着他的头，安慰道：“你的付出，爸爸妈妈看在眼里。只要你尽力了，我们是不会责怪你的。”

“真的吗？”小程若有所思。

“当然啦！可是学习也要讲究方法，科学的学习方法能让你事半功倍。你不是经常说自己记不住东西吗？其实不是你笨，而是你的学习方法出问题了。学习时间过长，会导致大脑过度疲劳，不利于学习，自然就难以记住东西了。你可以每学习30分钟，就到阳台那里舒展一下身体，让大脑休息10分钟，之后再投入到学习中，效果可能会比现在好。”

听了妈妈的话，小程紧锁的眉头舒展开了，心里坦然了许多。

“要不，现在我们就到阳台那做做操？”妈妈提议道。小程欣然答应。

在期末考试前剩下的日子里，妈妈每天都主动与小程沟通，及时了解他的心理状况，针对小程的问题积极开导，适时鼓励。渐渐地，小程的考试焦虑情绪得到缓解，学习状态恢复正常，也能够从容地面对期末考试了。

孩子考试前过度焦虑，怎么办？

扫码获取音频，阅读更轻松

9. 孩子测试没有达到目标特别难过，怎么办？

家长困惑

“老师，我家孩子每次测试后，都会很担心达不到目标，怎么办呢？”

“我家女儿平时英语都是90分以上的，这次测试才80多，她情绪很低落，该怎么办？”

“老师，我家孩子这次语文测试没有达到之前定下的90分，伤心地哭了，这几天都不开心，怎么办啊？”

……

孩子测试没有达到目标特别难过，怎么办？为此，我们综合多个案例，做了详细分析。

查找原因

（1）都是“分数”惹的祸

分数，是检测孩子在一段时间内对知识掌握程度的指标之一，但并不是评定孩子是否优秀的唯一标准。当今社会的大众氛围，扭曲了很多人对分数的认识。例如平时亲朋好友聚会，茶余饭后都喜欢讨论孩子的成绩，这样的环境直接左右了家长和孩子对分数的理性判断！盲目追求高分只是为了满足家长和孩子的虚荣心。

（2）家长无形施压

望子成龙，望女成凤，是家长们的共同心愿。可是，当前社会竞争激烈，家长往往容易把压力转移到孩子身上，常常用不同的方法逼压孩子，例如盲目的补课，额外购买练习册给孩子做等。若家长不能科学理解分数，当孩子测试分数没有达到家长的要求时，家长就会严厉责备。比如语言攻击，时不时旧事重提“你以前那一次也是这样丢分，都说过你几次啦，还这样”，甚至体罚孩子。家长对分数过度敏感和关注，给孩子施加了无形的压力。

（3）孩子抗压能力弱

凡是对分数在意的孩子，他们对自己的要求都是比较高的。由于孩子年龄比较小，对自己的认识不够深刻，对自己盲目乐观，往往所定的目标超过了自己的能力范围，这样很容易产生挫败感。

现在的家长都是“全能”的家长，想尽办法为孩子扫除成长道路上的一切障碍。孩子的成长过程太畅顺了，需要自己面对解决的困难也就少了。相应地，孩子接受的挫折教育也少了，失去了该有的锻炼机会。当测试没有达到目标时，孩子就会特别难过，情绪持续低落，且很难自己调整过来。

解决策略

（1）在交往场合保护孩子免受他人追问学习成绩

学习成绩其实属于个人的隐私，在有亲朋好友的场合，尽量不要谈孩子学习的事情，学习成绩更不要随便向他人透露，尤其是孩子也在场时。如果把握不好，不但不能激发孩子的学习动力，而且会伤到孩子的自尊，让孩子蒙羞。

（2）家长给予针对性的帮助

①助力理解测试目的和科学确定目标。分数在一定程度上可以反映出孩子某一阶段学习的情况。家长要告诉孩子测试的目的是检测自己对知识掌握的

情况，不要怕错，接受错误、解决错误才是正确的态度。

另外，家长跟孩子定目标的时候，要根据孩子实际的能力和当前的知识掌握情况而定。例如孩子平时语文测试是85分，那么期末考试就可以把目标定到90分。每次测试的难度或者测试内容的量都不一样，家长和孩子都要灵活判断。例如可以问老师班级的平均分是多少，对比一下，看看孩子有没有达到平均水平。如果是试卷难度比较大，全班平均分是80分，孩子考了85分，尽管没有达到目标90分，但也属于正常优秀范围，而并不需要盲目要求高分。

②助力孩子分析错因。平时生活中，家长要善于观察和发现自己孩子的行为变化和情绪变化，当孩子因测试没有达到目标而伤心难过时，家长要主动关心孩子，向老师咨询试卷的难度，当次孩子有没有正常发挥，测试没有达到目标背后的原因是什么等。了解清楚后，再帮助孩子一起分析试卷里的错因。对于小学生来说，一般有以下几点错因：第一，不会做，有可能是试题超纲了，也有可能由于平时没有掌握好知识；第二，粗心，例如漏题，没有审清题目而离题等。针对以上情况 ，建议家长要求孩子设立错题本，平时有针对性地加强训练，养成好习惯。

③助力提升抗挫能力。平时生活中，我们常常说，跟他讲一百遍不如叫他做一遍。确实如此。既然我们想提高孩子的抗挫能力，平时就要给孩子适当的打击。比如当孩子在审题时总是没有按要求去做，这时家长就可以相对严厉地指出来，让孩子从自我感觉良好的误区里走出来。有时候，让孩子适当地“摔跤”，他们会成长得更快。家长也可以利用亲子阅读时间，向孩子介绍一些名人抗击挫折的励志故事，比如贝多芬、海伦·凯勒等，从正面引导孩子，让孩子认识到学习是快乐的。学习过程中，当你解决了一道难题，你会感觉到快乐；告诉孩子努力是成功的前提，如果学习尽力了，尽管没有达到目标也不必遗憾，坦然接受结果。

（3）教会孩子调节情绪

平时生活中，家长要告诉孩子伤心难过时可以怎么做。比如当测试没有达到目标而不开心，可以这样做：下课后去洗手间洗把脸，跟同学朋友倾诉，因为同龄人容易唤起情感的共鸣；回家后向父母或者年长的亲朋好友倾诉，因为年长的人可以给你一些有建设性的意见。

其实，不管是成年人还是孩子，当伤心难过时，不同性别的人会有不同的宣泄方式。如果是女生，可能会选择把自己蒙在被窝里大哭一场，有时候哭是一剂良药；如果是男生，可能会找几个朋友踢球打球，或者到郊外大喊几声就没事了。或者做喜欢的事来转移注意力，比如听音乐，帮助自己消除烦恼。所以，家长可以根据自家小孩的性别进行有针对性的指导。

案例追踪

小珊是六年级的学生，面对小升初考试，学习压力明显增加。最近，小珊妈妈发现，小珊连续几次测试都不理想，小珊伤心难过，情绪不高，已经影响到接下来的学习。小珊妈妈十分担心，向我们求助，她听取我们的建议后这样做：

家长调整心态，疏导孩子情绪

一天，小珊拿着试卷，害怕地说："妈，我这次的成绩……没有达到目标……"妈妈看了一眼试卷，居然是86分，比上次测试降了10分。正想狠狠地批评时，妈妈想起了我们的建议，先深呼吸，调整自己的情绪。接着，妈妈看看小珊，发现她神色慌张，妈妈意识到了小珊的情绪变化，和缓地说："这次没考好，妈妈知道你很伤心。"

小珊轻轻地点了一下头。

"你现在是害怕妈妈批评你吗？"

小珊又点了一下头，小声地说："妈妈，你会像我这样害怕吗？每次测试，我都很担心达不到目标！"

“是的，我也会害怕啊。”妈妈放慢语速。

有的放矢，事半功倍

妈妈拿着试卷细看了一遍，拍拍小珊的肩膀，然后平和地帮助小珊分析错误的原因：

“小珊，考试分数只代表过去，你知道丢分的原因吗？找到丢分的原因，我们就有进步的机会！”

“知道，有3道计算题，我粗心……算错数了……丢了9分，还有一道应用题，我真的不会做……”

“嗯，你知道错因，这也是要进步的前提啊，很不错。接下来该怎么做，你想过吗？”

“妈妈，你放心，我想好了，我每天做3道计算题，加强计算能力，至于……应用题，平时我不懂的就多问老师。这样可以吗？”

“当然可以啊，我也赞同你的做法。”

妈妈笑了，小珊也笑了。

“妈妈，你变了……我以为你会骂我……”这句话刺痛了妈妈的心，也是这句话让妈妈醒悟，更让她反省自己过去的行为。

“小珊，对不起，以前妈妈过于严厉，给了你很大的压力。以后我俩都要调整心态，多沟通，共同解决问题，好吗？”小珊紧紧地搂着妈妈。

根据小珊妈妈反馈，之后遇到类似情况时，小珊会选择听音乐或者运动来释放压力，小珊也意识到成绩有波动是正常的，同时学会了总结，争取进步，坦然面对生活中的一切不定因素。

孩子测试没有达到目标特别难过，怎么办？

扫码获取音频，阅读更轻松

10. 孩子不喜欢看课外书，怎么办?

家长困惑

“每次叫女儿去看课外书，她都拖拖拉拉，不愿意去看。老师，怎么办？”

“老师，我叫小丽去看课外书，她就拿着书去和奶奶一起看电视，怎么办？”

“无论我跟儿子说课外书有多好，他就说我好烦，说玩手机游戏最好。老师，该怎么办？”

……

孩子不喜欢看课外书，怎么办？为此，我们综合多个案例，做了详细分析。

查找原因

(1) 都是“被逼”惹的祸

父母内心有一种强烈的想法：孩子完成作业就要看课外书，否则就白白浪费时间。于是，他们就强迫孩子读课外书。可是，对于还没有形成看课外书习惯的孩子来说，好不容易完成了作业，本想放松一下，却又被逼着看课外书，内心就会产生“不被尊重和不被理解”的感觉，自然就会产生抵触情绪，只好装装样子应付了事。

许多孩子会觉得课外书十分无聊，没有玩手机游戏、看电视快乐，原因有两个。其一，孩子没有感受到阅读本身给自己带来什么好处，还没有体会到阅读的乐趣。其二，孩子觉得爸爸妈妈也没有读过这些书啊，为什么要逼我读呢？

（2）家人读书氛围不浓厚

对于孩子来说，家庭里浓厚的读书氛围有助于孩子产生阅读兴趣。没有形成良好的阅读氛围的原因很多，或者缺少书籍，或者父母没有以身作则带头阅读，或者缺乏亲子共读，或者缺少分享阅读心得，孩子体会不到分享交流的快乐。

（3）培养方法不当

许多父母知道让孩子多读课外书的好处多，却不舍得花时间陪伴孩子坚持进行亲子共读，通常只是口头上叫孩子要多读书或者只会断断续续地陪伴几次。有的父母直接购买一些与孩子年龄特点或者阅读阶段不相符的课外书，不管孩子有没有兴趣，只是一味地催着孩子读。

解决策略

（1）读书人人有份

不少父母认为：“阅读是孩子的事，我有我的事，为什么要我和孩子一起阅读呢？”这种说法听起来似乎有一定的道理。可是仔细想一想，如果孩子还没有形成良好的阅读习惯，也没有完全感受到阅读的乐趣，这时候要求孩子看书而父母在旁边玩手机，试问这样能让孩子静下心来看书吗？能激发孩子的阅读兴趣吗？因此，要想让孩子喜欢阅读，父母必须做好榜样，爱阅读的父母才可以让孩子爱上阅读。最好每天留出固定的时间作为家庭阅读时间（比如晚饭后阅读半小时），全家人一起阅读。每周留出一个固定的时间，全家人一起分享读书心得体会，讲讲读了什么书，书里讲了什么事，自己最感兴趣的是什么，等等。

（2）家有藏书

家中要有一定量的藏书，最好能让孩子在他经常活动的空间随手可以拿到喜欢的课外书。书要“杂”，不能限定于名著、学习参考书，也不要任由孩子去选他“喜欢”的书。父母应该主动和孩子商量并带着孩子一起去购买，甚至可以采取这样的策略：买两本孩子喜欢的书和一本父母要求的书。这样才会大大提升孩子的参与积极性，进而养成阅读习惯。

（3）引导孩子走进书的世界

孩子容易受环境的影响。激发孩子阅读兴趣的有效方法之一，就是多带孩子去书店或图书馆，让孩子遨游书海，浸润在浓厚的阅读氛围中，孩子自然会感受到阅读的无穷魅力。有些父母说这个方法开始是有效的，但坚持不了多久。是的，如果仅仅是带孩子去几趟书店或图书馆，就能够完全激发孩子的阅读兴趣，那“教育”就太简单了！没有一段时间的坚持和积累，是不可能有效果的。此外，父母还要学会循序渐进的策略，也就是说在图书馆的时间要逐步增加。

（4）以趣激趣

从孩子的兴趣爱好入手，培养孩子自觉阅读意识。例如一个男孩子喜欢打篮球看球赛，那么父母可以购买篮球杂志、篮球明星的传记等书籍，引导孩子关注体育明星的成长历程，汲取精神力量，激发阅读兴趣。再如有一段时间不少孩子喜欢看中央电视台的《朗读者》节目，如果孩子对哪一位朗读者和哪一段朗读的内容有兴趣，父母可以带着孩子一起了解这位朗读者的故事和购买朗读的书籍。只要父母用心，观察就能发现孩子的兴趣，用兴趣激发阅读兴趣。

案例追踪

许多家长按照上述方法，坚持半年左右的时间就让孩子养成了阅读的习惯。但也有个别的家长是例外的。例如二年级的小琳的妈妈坚持了一个星期，小琳开始挺积极地阅读。但第二个星期，妈妈一忙就忘了提醒小琳看书，小琳又开始和奶奶一起看起了电视。孩子始终没有养成阅读的习惯，小琳妈妈听取了我们的建议这样做：

坚持很重要

妈妈买了许多适合小琳、小琳又十分喜爱看的课外书。

妈妈又开始与小琳坚持了一个星期，每天晚上8：00—8：30一起阅读。后来妈妈发现自己接下来的一个星期会很忙，没有时间陪孩子阅读，就提前和爸爸商量：“下周我需要加班，回家比较晚，你每天晚上陪孩子读课外书，好吗？”

爸爸点头答应，坚持了3天，第4天时没有空，就跟奶奶说：“妈，你关掉电视，别影响孩子读书，你也陪陪孩子读书吧！”

周末，爸爸、妈妈轮流带小琳去附近的图书馆看书、借书，有时一起上网上书店选书、买书。

一家人齐心协力，不断为培养孩子的阅读习惯努力。几个月过去了，小琳渐渐养成了爱阅读的好习惯，只要手上有书，无论周围多吵闹，都能静下心来看书。

一个好习惯的养成最少都需要21天的坚持，阅读习惯十分重要，为了让孩子拥有阅读的好习惯，请家长一定要坚持到底。

孩子不喜欢看课外书，怎么办？

扫码获取音频，阅读更轻松

11. 孩子不喜欢读经典名著，怎么办?

家长困惑

“老师，我的孩子不是不爱看书，可是就喜欢看漫画书，尤其是搞笑漫画，不喜欢看国内外经典名著。这可怎么办呀？”

“老师，你建议看《三国演义》，但我家孩子要我逼着才会去看一会儿，怎么办？”

“我的孩子就喜欢看薄薄的图画书，叫他看一下经典名著，就像很为难他，他总是想尽办法推脱不看。老师，怎么办？你教教我！”

……

孩子不喜欢读经典名著，怎么办？为此，我们综合多个案例，做了详细分析。

查找原因

（1）“输不起”的心态

家长可能有“孩子不能输在起跑线”的急功近利的想法。望子成龙，望女成凤，是广大家长的心愿，于是他们希望孩子早读名著，多读名著。在这种“别人家的孩子都读了名著，我家孩子没读就会落后”的思想影响下，一旦发现孩子不爱读名著，家长就陷入了无限的焦虑与烦恼。

（2）不懂阅读规律

在这里，需要提醒家长：孩子的阅读能力和喜好其实是随着他的年龄增长和认知规律发展而逐年提升的。低年级的孩子或者语文基础比较薄弱的孩子喜欢图多字少、色彩鲜艳、主题突出的绘本类书籍，这是正常现象。但有的家长一厢情愿地揠苗助长，不管是否适合孩子当下阅读，都一股脑儿地给孩子购买大量的名著，殊不知孩子宁可被家长数落将其搁置也不阅读。于是，家长就烦恼了。

（3）带有偏见

有些家长的传统观念认为“只有读名著才是有效的课外阅读和知识积累”，而全盘否定漫画读物，认为“漫画书都是很幼稚，没有深度”甚至是“低级趣味”的，所以一看到自家孩子沉浸在漫画书中而不读经典名著，就烦躁不安了。

解决策略

（1）调整心态，保护快乐阅读

作为孩子最亲近、最信任的父母，我们不能有急功近利、非名著不读、非对学习有用的书不看的心态；也不能把课外阅读等同于学校的学习任务，等孩子读完后非要“考一考”孩子。这些思想观念是非常不可取的。阅读就是阅读，阅读本身是快乐的。几乎每个孩子都是天生喜欢阅读的，但为什么长大后不喜欢了呢？许多时候就是因为功利性阅读导致孩子与生俱来的阅读兴趣被慢慢消磨殆尽了。所以，父母要转变这种功利性阅读的观念，激发和保护孩子阅读兴趣才是最根本的。

（2）遵循规律，拓展全面阅读

小学语文课程标准对每个学段的阅读量有明确要求：一二年级，不少于5万字；三四年级，不少于40万字；五六年级，不少于100万字。孩子从0～12岁的阅读轨迹应该是“简单图画书—有一定故事情节的图画书—儿童读物—经典名著”这样一个循序渐进的过程。简而言之，随着年龄的增长，孩子阅读的图画越来越少，文字越来越多。我曾经访谈过一个孩子，问他为什么不喜欢阅读经典名著，孩子直接告诉我：“里面密密麻麻的文字看起来很费劲，里面的文段描写对我来说太生涩，看不懂！”所以，作为父母，要遵循孩子的阅读规律，不妨从漫画、绘本这一类书籍引领孩子爱上阅读。

（3）转变观念，提升阅读能力

现实中，很多父母对漫画书有偏见，认为漫画书很幼稚，没有深度。这样的偏见源自对漫画书的不了解。目前在孩子们当中流行的漫画书，确实有相当一部分是低级趣味的、暴力色情的“歪书”。但也不乏传播正能量、激发孩子阅读兴趣的好书，如《父与子》《30分老妈》等。所以父母既要对孩子阅读的漫画书进行甄选，去除糟粕，也要帮助孩子寻找有益的漫画书来阅读。同时，作为家长要明白孩子的阅读是由少到多，由简到繁的过程。父母要参考这个标准，根据孩子的年龄特点加以引导，一步一步地积累阅读量。可以参考以下阅读书目：一二年级，《庆子绘本》《安徒生童话》等；三四年级，《昆虫记》《夏洛的网》等；五六年级，《狼王梦》、少儿版《三国演义》《水浒传》等各种小说及其他作品。总之，孩子是否喜欢阅读，作为引路人的父母很关键！

案例追踪

陈女士在孩子阅读成长的过程中，尤其关注从幼儿时期开始的陪伴阅读，孩子读幼儿园时她选取的是幼儿绘本，故事情节简单易懂，图多字少。

在孩子进入小学低中年级阶段，刚开始，她有点急于求成，选择了文字多而难懂的名著《水浒传》，天天逼着孩子看，孩子十分反感。

听了我们的建议后，她这样做：

遵循阅读规律，循序渐进

晚上，小青完成作业后，妈妈与小青并肩坐在沙发上。

妈妈温和地问："小青，我知道你不喜欢看《水浒传》，能告诉妈妈原因吗？"

小青皱着眉头回答："《水浒传》里密密麻麻的都是字，只有几幅图，我根本看不进去。"

妈妈表示理解："哦，原来是这样啊。那你喜欢看怎么样的书？"

小青眉头舒展，说："我还是喜欢图画多一点，字大一点的，这样我能看进去，能看懂。"

妈妈表示认同："嗯，好的，明天是周末，我们到书店选一本你喜欢看的名著吧，好吗？"

小青微笑着点头说："嗯。"

于是，妈妈把文字多而难懂的《水浒传》收起来，留待孩子读高年级时再拿出来看。然后第二天带着小青到书店选取孩子喜欢的连环画版的《西游记》，并坚持每天亲子共读，有时是妈妈陪在身边，有时是爸爸陪在身边。一个月过去了，小青跟爸爸妈妈一起看书，有说有笑的，已经对阅读不反感了，还主动提出要买书看。

适当难度，激发兴趣

后来妈妈带着小青到书店买来了适合孩子看且是孩子喜欢看的书，其中一本就是拼音注解的《西游记》。

妈妈拿出《西游记》对小青说："连环画版的你都看懂了，拼音版的敢挑战一下吗？"

小青肯定地说："当然敢！"

接着，小青就自己拿起书津津有味地看起来了，不懂的还主动问。爸爸妈妈一有空就陪孩子一起看，一家人有时就书中的情节争论起来，有时又被书中有趣的内容逗得哈哈大笑……

因为做到了循序渐进，用适当的难度激发孩子的阅读兴趣，小青的阅读能力得到进一步提升，后来她主动提出了阅读白话文的《西游记》。

随着年龄增长和知识积累，小青的语文阅读水平和能力位居全班前列，同时阅读能力的提升也有效促进了其他学科的学业水平。陈女士从此不再为孩子不喜欢阅读经典名著而烦恼了。

孩子不喜欢读经典名著，怎么办？

扫码获取音频，阅读更轻松

12. 孩子学习乐器不能坚持，怎么办?

家长困惑

“我家孩子晚上一提到练琴，不是说累就是说困。老师，该怎么办呢？”

“老师，我家孩子学习乐器有一段时间了，现在怎么说都不肯学。怎么办？”

“老师，我每天都要提醒，甚至要骂一顿，孩子才愿意去练习吹葫芦丝。怎么办？”

……

孩子学习乐器不能坚持，怎么办？为此，我们综合多个案例，做了详细分析。

查找原因

（1）家长没有明确学习乐器的目的

很多家长让孩子学习乐器比较盲从，就是别的孩子学了，我的孩子也要学。有的家长看到别人的孩子乐器考级，在比赛中拿到了名次，于是不假思索就逼自己的孩子去学习乐器。

（2）父母没掌握科学的方法帮助孩子

学习乐器真的不是一件容易的事情，不是帮孩子报了名，交给培训机构或者老师就完事的。一般来说，每周孩子大概也就一两个小时接受乐器老师的面授培训，而要把乐器练好则需要每天一定量的练习方可，但乐器老师很难做到天天跟孩子一起练习，这就需要家长的助力了。但很多家长自己也不懂乐器知识，不知道如何帮助孩子。遇到问题要么是训斥，要么就是敷衍的表扬，大多数采取简单粗暴的方式来处理。

（3）错误地认为学习乐器的动力是兴趣

学习乐器的出发点的确是兴趣，但是家长也不要太看重这个兴趣。如果没有压力，只是玩玩而已，大部分孩子都很有兴趣。一旦上升到学习技能的层面，光凭兴趣是远远不够的。有的孩子刚开始学习乐器时兴趣浓厚，但随着难度增加，兴趣就会逐步减弱。

能力较强的孩子，如果懒惰，不坚持每天练习乐器，就会跟不上老师的教学进度，就会产生畏难心理，就想放弃；能力较弱的孩子，虽然努力坚持，但就是怎么都学不好，达不到要求，也容易放弃。撇开天赋不说，能够决定学习效果的最根本因素是长期不断地坚持反复练习。

解决策略

（1）家长要明白孩子学习乐器的目的

学习乐器需要眼、脑、四肢的配合，能锻炼孩子的协调配合能力。乐器的演奏是严谨的，一个音的错误都会带来感觉上的瑕疵。学习乐器能锻炼孩子的毅力和严谨的态度。

（2）家长应该用正确的方法帮助孩子

①正确选择乐器。初学者可以从学习钢琴等键盘乐器开始。学习键盘乐器一年，基本掌握了音准和节奏感后，再转学弦乐器会更好。

②合理安排练习时间。根据孩子的年龄，规定不同的练习时间。一二年级的孩子比较活泼好动，练习时间以20分钟较为适宜；三四年级的孩子可以

适当增加至40分钟；五六年级的孩子则需要1小时以上。当然，还要考虑到所学内容的难度，从而做出调整。

③帮助孩子提高学习兴趣。学乐器的过程非常枯燥。随着练习强度不断加大，孩子在遇到困难时容易出现厌烦、苦恼等情绪，这时就需要父母想一些办法帮助孩子化解不良情绪。比如：鼓励、表扬、奖励、陪伴，也可以咨询乐器老师，适当放缓学习进度和降低难度，还可以为孩子创造一些表演机会，让孩子多收获掌声，提高孩子学习的积极性。

（3）家长的持续关注和坚持是孩子学习乐器的最大保障

学习乐器的初始动力是“兴趣”，但“兴趣”不是支撑孩子持续学习的动力。为什么孩子会更喜欢学习画画？因为学习画画没有太大的压力，画得形象，家长会夸赞，不形象又显得有童趣或者有想象力。而学习乐器则不同，它是严谨的。学习乐器有一句公认的真理：“练了就会，不练就不会，正确与否，一听便知”。随着难度的不断提升，孩子会感觉到压力越来越大，没有反复的练习，就很难完成老师布置的任务。这时，孩子就需要家长的持续关注和监督，再予以鼓励。低年级的孩子需要家长陪伴完成作业，学习乐器也是如此。家长不能判断孩子练习的对错，却能判断态度是否认真。当孩子产生畏难情绪或遇到瓶颈时，家长要及时予以鼓励或与老师沟通寻找解决办法，让孩子拥有克服困难的勇气和能力是学习乐器最大的收获。

案例追踪

小乐7岁起开始学习钢琴。开始的2个月里，她表现得非常轻松，能按时练习，坐姿笔直。这时爸爸妈妈会在旁边陪伴并及时表扬和夸赞。可好景不长，当小乐基本完成了一级的学习内容，开始二级内容的练习后，她发现难度突然加大了，经常练着练着就不动了，有时还很烦躁，甚至说不练了。

小乐父母很担心，向我们咨询，听取我们的建议后这样做：

及时调整，鼓励有度

爸爸马上联系小乐的钢琴老师反映情况，咨询对策。经过和老师的讨论后，决定放慢学习的进度，以复习为主，新课为辅。等小乐的基础再次牢固，接受能力提高后，再逐步增加难度。

现在小乐家迎来了第二个孩子，于是在小乐练琴的时候，爸爸妈妈都喜欢抱着妹妹在一旁聆听。偶尔也让妹妹去碰碰钢琴，并说姐姐弹得太好听了，所以妹妹也想去弹一弹。为了提高小乐练习的主动性和积极性，爸爸也主动联系老师，让其布置适合儿童弹唱的歌曲。这样，小乐就能一边弹一边唱，练习得更快乐了。

明确目的，不必着急

关于考级，小乐爸爸表示不着急。每个孩子的进度不一样，练习乐器的目的也不一样。不要求她在这方面有什么大成就，只是给她多一条路可以尝试选择。更多的是希望小乐多一些兴趣和爱好。

总之，任何技能的学习，入门阶段大多是轻松和愉快的。但深入学习和掌握，则需要大量枯燥的练习。学习乐器的过程有多“痛苦”，其结果就会有多快乐。作为家长，我们要有一个清晰的观念：孩子学习乐器不求跑得多快，但求走得较远。孩子的学艺之路需要家长一路陪同。

孩子学习乐器不能坚持，怎么办？

扫码获取音频，阅读更轻松